- 69년생 이현웅 -

청주와 문화
.. 그리고 나의 이야기

이현웅 지음

- 69년생 이현웅 -

청주와 문화
·· 그리고 나의 이야기

2020년 1월 11일 초판1쇄 발행

지 은 이 : 이 현 웅
발 행 인 : 권 선 복
편   집 : (주)시은
책임편집 : Cindy Hwang, 최 혜 민
디 자 인 : (주)시은
펴 낸 곳 : 도서출판 행복에너지
출판등록 : 제315-2020-000035호
주   소 : (07679) 서울특별시 강서구 화곡로 232
전   화 : 0505-613-6133
팩   스 : 0303-0799-1560
홈페이지 : www.happybook.or.kr
이 메 일 : ksbdata@daum.net

값 18,000원
ISBN : 979-11-5602-775-1(03340)

어느덧 나이가 50을 넘어 두 해가 더 넘어갔습니다. 요즘같이 모두 젊게 사는 세상에서 50살은 그리 많은 나이가 아님에도 세상에 나를 모조리 내어놓고 도전을 하려다보니 내 뒤를 돌아보지 않을 수 없네요.

나의 인생은 그리 화려하지도 그리 빛나지도 않은 그런 평범한 52살의 아저씨의 이야기 일 수 있습니다. 하지만 내가 살아오면서 꼭 이루고 싶고 실현하고 싶은 꿈과 세상이 있기에 그 이야기의 원천이 내 삶을 여러분들과 이야기 나누고 이해를 구하고, 함께 꿈을 향해 같이 손잡고 나아가고 싶은 마음에 진솔하게 나의 이야기와 나의 생각을 나누고자 합니다.

이북에서 탈북한 아버지와 초등학교도 다니지 못한 어머니 사이에서 6남 1녀에 막내로 태어났습니다. 7번째 동생 천웅이는 돌아가신 아버지가 보고 싶었는지 태어나서 얼마 되지 않아 아버지를 따라 하늘나라로 따라갔습니다. 무졸에 한글도 모르셨던 어머니는 아버지가 돌아가신 후, 신 내림을 받으시고 무속인으로 5남 1녀를 키우셨습니다. 미모의 어머니 홀로 자식들을 버리지 않으시고 온갖 설움과 모욕 속에서 굳건히 가족을 지내시는 모습을 보면서 많은 걸 뼛속 깊이 새기며 배웠습니다.

대한민국에서 가난한 사람들의 삶은 참으로 혹독합니다. 추운 겨울날에 어린 시절의 마음을 파고드는 추위를 회상하곤 합니다. 가난은 나라님도 고치지 못한다고는 하지만 지금은 적어도 먹을 게 없어서 사람들이 소중한 생명을 끊지는 않아야 한다고 생각합니다. 철저한 가난 속에서 어린 이현웅의 가슴에 꿈의 작은 씨앗이 하나 돋아났습니다.

남편과 사별한 미모의 어머니를 흠모했던 여러 분들이 있었던 것 같습니다. 어머니의 인생도 있으셨겠지만 어머니를 지켜드리고 싶은 마음으로 어린 마음에 작은 싹을 틔웠습니다. 저는 페미니즘에 관련한 내용을 공부한 적이 없지만 이 세상을 사는 여성들의 아픔을 늘 이해하고 해결하고 싶었습니다.

어머니의 직업은 당시 호칭으로 무당이었습니다. 초등학교 시절 학교에서는 수시로 부모님의 유무, 부모님의 학벌과 부모님의 직업을 묻곤 했습니다. 저는 아버지가 안 계신 것도 너무 밝히기 싫었고, 어머니가 초등학교를 졸업하지 못한 것을 알리고 싶지도 않았습니다. 또한, 어머니의 직업도 누구에게도 들키고 싶지 않았습니다.
하지만, 감수성이 깊은 1학년 초등생의 마음을 헤아려 주는 선생님과 친구는 없었습니다.

아동청소년의 권리는 반드시 보장되길 바랍니다. 아이들의 아픔을 헤아려주는 국가와 정부가 되어야 합니다. 부모님의 학벌과 직업으로 아이들이 차등적인 대우를 받아서는 안됩니다. 아이들이 국가의 인재로 자라날 가능성을 보장하고 지켜줘야 한다고 생각합니다.

아버지의 이야기를 별로 듣고 자라지 못했습니다. 북한에서 온 아버지의 이야기는 어린 시절 금기였습니다. 연좌제가 있던 시절이라 공직에 나서는 건 불가능했습니다. 늘 북한에 계신 친족들의 상황이 궁금했습니다. 입 밖에 내 본적은 한 번도 없었어요. 할 수 없었죠. 저는 통일을 바랍니다. 나의 가난이 힘들었 듯 북한에 계신 가족들도 어렵지는 않을지 늘 걱정입니다. 북한의 가족도 가족입니다. 북한에 사는 사람들도 우리 민족입니다. 북한과의 교류와 협력 증진을 통해 서로 윈윈 할 수 있는 여건이 빠르게 만들어지길 바랍니다.

초등학교 6학년 때 집에 돌아와서 누나에게 밥을 달라고 했어요. 누나는 부엌에 들어가서는 한참 동안 나오지 않아서 가보니 바닥이 드러난 쌀독을 붙잡고 울고 있었어요. 먹을 쌀이 없었던 거죠. 가난은 내가 대학을 졸업하고 대학원을 졸업할 때까지 계속 되었습니다.

KDI(한국개발연구원)에 입사할 때까지 늘 삼시세끼를 걱정하며 살았습니다. 셋째 형님이 우리 집에서 가장 공부를 잘했습니다. 어머니는 늘 걱정이었죠. 공부를 잘 하면 대학을 보내야 하고 대학을 보내면 돈이 많이 들기 때문이죠.

셋째 형은 결국 장학금을 주는 청주기계공업고등학교에 입학을 했고, 일찍 공장에 취업을 했습니다. 형님들 덕분에 내가 대학까지 졸업할 수 있었죠. 누군가의 희생 속에서 현재의 제가 성장할 수 있었습니다. 주변의 희생과 고통 속에서 사회는 더 따뜻하게 성장합니다. 이런 희생과 고통을 국가와 정부가 덜어줄 수는 없을까요? 그럴 수 있길 바랍니다.

역사적인 금속활자 직지는 내가 태어나고 뛰어놀던 밭에서 발견되었습니다. 운천동 연당리와 같은 촌 동네를 개발하여 연립주택이었죠.

어머니는 수시로 작두에 오르시고 굿을 하시고 했습니다. 이상한 그림과 의복을 입으시고 신 내림으로 행하는 많은 행위를 보면서 자랐습니다. 요즘은 무속인으로 사회에서 어느 정도 인정도 받지만 저는 어머니가 무당이란 사실을 작년까지 누구에게도 말하지 못했습니다. 저의 속 좁음 탓이겠죠. 이제는 어머니와 어머니의 직업을 사랑합니다. 우리의 전통으로 계승되어야 할 중요한 문화유산입니다. 가장 한 국적이고 세계적으로 경쟁력 있는 문화상품이 될 수 있습니다. 문화산업은 향후 우리나라의 새로운 전략적 산업이 될 것입니다. 그렇게 될 수 있도록 노력해왔고 입법을 통해 제도화 하도록 하겠습니다.

나의 과거와 나의 생각과 나의 정책과 나의 희망을 이 책에 담았습니다. 차마 다 하지 못한 이야기가 많지만 나머지는 소주 한잔이 필요하니 뵙게 되는 분들과 나누겠습니다.

겨울입니다.
그러나, 우리는 봄을 노래하니, 춥지 않습니다.
기다려집니다.

"당신들을 위해 맘껏 나의 열정을 다할 수 있는
그 날을 기다리며, 설렘을 잠시 이 책장에 담아 둡니다."

2020년 1월 11일
정자년 새해 아침
이현웅 드림

목 차

내가 태어나고 자랄 때 부유한 적이 없었다.
나의 어린 시절은 늘 가난했고, 늘 배고팠다.

- 이현웅 자서전 中 -

Part 1.
69년생 이현웅

이 현 웅
—
(유년기)

손님이 안방으로 들어오시면, 아버지는 6남매 중 가장 아끼는 자식을 무릎에 앉히셨다. 아버지에 대한 기억이 따로 없는 나에게 아버지 무릎 위에서 어리광을 피우던 그 느낌, 엄격한 아버지였지만 막내인 나의 어리광만큼은 늘 받아주셨던 아버지.. 흐릿한 기억 속에 맴도는 아버지에 대한 나의 유일한 추억이자 기억이다.

뚜렷이 기억이 나지는 않지만, 내 기억 속에 맴도는 아버지에 대한 그 모습 때문이었을까? 살아오는 내내 나는 아버지가 참 자상한 분이었던 것 같다고 기억하고 있다. 어린 시절 매우 가난하게 자랐고, 아버지가 일찍 돌아가시면서 더욱 어려워진 집안 사정으로, 아버지가 원망스러울만도 해야겠지만, 적어도 아버지는 나에게 살갑고 따뜻한 분이었던 것으로 기억된다. 그 기억 때문일까? 나는 유난히 두 아들 녀석들에게 자상한 아버지가 되고자 노력하고 있다.

아버지는 6.25때, 월남을 하셨다. 아버지의 형제들은 월남 중에 모두 돌아가셨고, 혼자 살아남은 아버지는 충북 청주에 제2의 고향으로 터를 잡으셨다. 우여곡절 끝에 만난 어머니와의 결혼. 부잣집 딸인 어머니를 만나 결혼을 하시고, 두 분은 5남 1녀를 두셨다. 당시 외할아버지께서는 경제적으로 좀 여유가 있으셨다고 한다. 장녀인 어머니가 가난뱅이에게 시집을 가게 되자, 외가에서 아버지에게 양조장을 하나 차려주셨다. 외가의 남자형제들은 모두 공부를 시켜서 버젓한 사업체를 운영하고 있었지만, 보수적인 외할아버지께서는 여자는 학교를 다니면 않 되고, 가정살림을 해야 한다며, 초등학교 조차 보내지 않으셨다. 배운 것은 없지만, 여유로운 가정에서 태어나 고생을 몰랐던 어머니는 사업에 소질이 없는 아버지에게 시집을 오셔서 갖은 고생을 다 하셨다고 한다. 내가 태어나고 자랄 때 부유한 적이 없었다. 나의 어린 시절은 늘 가난했고, 늘 배고팠다.

▲아버지는 돌아가시고, 어머니는 일터에 나가시고
나는 늘 아버지같은 외할아버지의 손을 잡고 있었다.

사업에 소질이 전혀 없던 아버지는 외가에서 차려준 양조장을 제대로 운영하지 못하셨다. 마음이 여리고, 욕심이 없었던 아버지는 불쌍한 사람이 있으면 돈을 빌려주고, 받지 못하는 일이 허다했고, 술과 놀음에 젖어 사셨다. 가정형편은 당연히 어려울 수밖에 없었다. 외할아버지가 돌아가시고, 아버지의 사업은 망하고, 어려운 상황에서 이사한 곳이 청주시 운천동 연당리의 맨 꼭대기 집이었다. 그곳에서 나는 태어나고 늘 가난했고 힘든 나날이었다.

　실제로 나는 대학을 졸업할 때 까지, 늘 가난에 허덕였고, 그나마 학업을 일찍 포기하거나 실업계를 선택해 직업을 가진 형들의 희생과 지원으로 막내인 내가 겨우 공부를 할 수 있었다.

◀1977년 8월 7일.
가난했던 시절, 그리고 세 살때 돌아가신
나의 아버지, 그래서 함께 찍은 사진이 없다.
이 단 한장의 사진이 내가 기억하는 유일한 그의
모습이다.

▲기억도 나지 않는 유아시절의 나.
이시절의 나도 이 모습이 유일한 사진이다.

가난의 시작이자 내가 태어난 충청북도 청주시 운천동 직지 (直指) 터.

아버지가 돌아가신 후, 경제적으로 더 어려워진 우리 가족은 작은 쪽방 2개가 달린 쓰러져 가는 허름한 기와집에서 근근이 끼니를 때우며 살았다. 어머니와 형들, 누나 그렇게 6남매, 외할머니까지 모두 8식구가 엉켜 살았다.

살아온 게 아니라, 겨우 버텨왔다는 표현이 더 맞을 것 같다. 작은 쪽방에서 성별 불문하고, 4명씩 나누어, 이불 1개를 나눠 덮고 밤을 보냈다. 밤은 늘 길고, 배는 고팠다. 다가올 내일은 늘 우리에겐 두렵고, 힘겨웠다.

하루를 또 버텨냈구나 안도의 한숨을 쉬고 나면, 또 다른 하루가 시작된다.

배고픔이 무엇인지 모르는 자녀들에게 아빠가 배를 곯고 자랐다고 하면 믿기 힘들다고 한다. 그러나, 나는 어린 시절부터, 배고픔이 무엇인지를 뼈아프게 느끼며 자랐다. 하루빨리 취직을 해서, 밥이라도 먹고 살아야겠다며.. 늘 그러한 다부진 마음으로 잠이 들고, 잠에서 깨고... 그렇게 이현웅의 유년시절은 늘 고단하고, 힘들었다.

당시, 운천동 직지 터 부근에는 기찻길이 있었다. 우리에게 유일한 놀이터이자, 삶의 터전이기도 했다. 기찻길과 뒷산.
기찻길을 사이에 두고 그 길을 넘어가면 그 곳에 변전소가 있었고, 반대편에 있던 우리집 근처는 허허벌판 논과 밭이었다. 지금의 운천동의 모습과는 상상할 수 없이 다른 모습이다.
 논과 밭을 지나 흥덕사지터를 지나면 낮은 야산 위에 조그마한 장군봉이라는 절터가 있었는데, 산자락 옆에 있는 쓰러져가는 작은 기와집이 우리의 보금자리였다.

 장군봉은 우리형제들의 유일한 놀이터였고, 삶의 터전이었다. 전화도 없고, TV도 들어오지 않았던 시골 깡촌. 무지갯빛 희망을 꿈꿔야할 어린 시절을 떠올리면, 나는 회색빛 기억이 자리 잡고 있다.

이 현 웅
—
(초등학교 시절)

　어려서부터 잘 못 먹고, 자란 탓인지 다리에 병을 앓고 있었다. 병이 심해져서, 초등학교 1학년 때는 입학도 하지 못할 정도로 다리의 상태가 심각해졌다. 연골에 염증이 심해, 걷지 못하게 되자 수술을 해야만 했다. 어려운 형편에 입원할 돈은 없고, 할머니와 어머니는 나를 업고, 매일 통원 치료를 다니셨다. 동급생들은 모두 초등학교에 입학을 해서 학교를 다니는데, 나는 늘 병원에 다니느라, 글도 배우지 못했었다.

　수술을 하고, 입원을 해서 빠르게 치료를 했다면, 어땠을까? 가난 속에서는 질병도 짐으로 여겨질 뿐이다.

　초등학교 1학년 한 학기 정도는 병원 통원치료로 학교를 다니지 못하고, 2학기 즈음에서야 뒤늦게 학교를 등교하게 되었다. 글도 늦게 배웠고, 친한 친구도 없었던 나는 친구들 사이에서도 늘 조용하고, 숫기가 없는 그런 아이였다.
　늦게 들어간 학교생활, 공부에 관심이 있을 리가 없다. 동급생들은 한

노　　력

▲지금도 자주 만나는 녀석들, 우리 운천초등학교 2반 졸업생들

글을 배워 글도 쓰고, 받아쓰기도 곧 잘했지만, 나는 늘 글쓰기, 읽기가 어려웠고 공부는 나에게 늘 부담스러운 존재였다. 또한, 어머니께서도 공부에 대해 굳이 강조하지 않으셨다. 나는 늘 빨리 성인이 되어, 좋은 직장에 취직하고, 돈을 벌어 우리가족이 좀 넓은 집으로 이사를 가고, 배고프지 않게 살아야겠다는 생각을 했다.

어쩌면 의무적으로 다녔던 학교의 하교 시간이 나의 활동 개시 시간이었다. 형들과 동네 친구 몇이 같이 뒷산에 올라 나뭇가지로 만든 총과 칼로 총싸움, 칼싸움, 술래잡기, 딱지치기, 구슬치기 등 놀이 삼매경에 빠진다. 배가 고프면 집에 쌀이 없어, 고구마와 감자를 캐서 쪄먹고, 그것이 즐거웠던 나의 초등학교 시절...

이현웅은 운천동 직지 터 골목대장이었다.
초등학교 때는 공부를 했던 기억이 전혀 없다.
당시에는 중고등학교 교육이 의무교육이 아니었기 때문에 학교를 다니기 위해서는 학비가 많이 들어갔다. 단지, 빨리 직업을 가져서 경제적인 여유를 갖는 것이 우리 집안을 살리는 길이라고 생각했던 나와 우리 형제들은 공부에 관심조차 가질 수 없는 환경이었다. 당시 시대상황으로, 이북에서 월남하신 아버지의 이력으로 연좌제로 인해, 우리가 아무리 공부를 열심히 한다고 한들 공부로 출세하고, 공무원이 되거나 훌륭한 직업을 갖고, 출세하기는 힘들다는 생각을 하게 되었다. 사회전반적인 풍토가 그랬고, 어머니도 늘 그것을 강조하시며, 공부에는 일찌감치 욕심을 내지 못하게 하셨다. 셋째 형이 우리 형제 중에는 머리가 제일 좋고, 학업 성적도 우수했는데, 실업계를 선택했던 이유도 바로 이러한 이유였다.

▲ 내가 기억하는 취업 전까지 가장 포동포동한 시절. 가족들이 어린막내라고 없는 형편에도 먼저 챙겨주었던 듯하다.

그러나, 어머니께서는 공부에 대해서는 늘 보수적인 입장이셨지만, 6남매에게 늘 강조하셨던 것이 있다. 우리가 아무리 없이 살고, 아버지가 안계시지만, 늘 옷매무새를 단정히 하고, 사람들 앞에서 예의를 갖추어 행동하라고 가르치셨다.

어머니는 애비 없는 후레자식 소리는 듣지 않아야 한다며, 가진 것은 없어도 깨끗하고 바르게 다니라는 말씀을 하셔서, 공부는 소홀히 할지언정 늘 깔끔하고 단정한 차림으로 학교를 다녔다.

청주는 양반의 고장이다. 전반적으로 사람들이 예의가 바르다지만, 우리 가족들은 더 특별히 예의를 갖추고, 많은 신경을 써야만 했다. 어머니의 유일한 가르침, 가훈이 그러했기 때문이다.

또한, 일찍 남편을 잃고 홀몸으로 6남매를 키우시는 어머니는 늘 남들의 시선이 두려웠을 테니까... 지금 생각해보면, 그 가난 속에서 어떻게 우리 남매들을 키워오셨을까? 대단한 여성이라는 생각이 든다.

자랑할 만한 이야기는 아니지만, 나는 뒷산에 놀러 올라가기만 했던 것은 아니었다.

그 곳은 나에게 놀이터였고, 삶의 터전이었지만, 또 나에겐 내 어두운 일상을 토로하는 성토의 장소였을지 모른다.

하루하루 먹을 게 없어서 굶는 것이 일수였고, 그 어린 나이에 먹을 것을 고민하는 것이 힘들어 삶과 죽음에 대한 고민을 꽤 여러 번 했던 것 같다. 어린 소년이 무슨 고민이 그리 많았냐고 물을 수 있겠다. 하루하루 배고픔이 1년 365일 이어진다면, 어린 소년에게 삶과 죽음을 고민하기에 어쩌면 충분했을지 모른다. 이번엔 정말 죽어버리겠다고 밧줄을 들고, 장난감 나무칼을 들고, 뒷산으로 올라가는 일도 종종 있었다. 그렇지만, 그때마다 용기가 없어 뒤돌아 내려왔다. 뒷동산은 나의 유일한 놀이터였지만, 삶과 죽음을 고민하던 비밀스런 공간이기도 했다.

죽을 용기로 살아간다고 했던가?
어쩌면, 내가 조금 더 용기가 있는 소년이었다면, 지금 이 자리에 까지 오지 못했을 것인가? 이런 생각을 하며, 가끔 허탈 웃음을 짓기도 한다. 과거의 일이다. 다 지난 일이다.

그러나 잊지 못하고, 결코 잊을 수 없는 나의 일이다.
그래서 나는 그 때부터, 꿈을 키워 왔다.

참 조용하고, 순한 성격을 가진 한 소년은 매 끼를 걱정하며, 매일 밤 찾아드는 빚쟁이들에게 고난을 당하시던 어머니와 남매들을 보는 것이

너무 힘들어, 꿈을 꾸기 시작했다.
집이 없는 사람이 없는 나라, 배고픈 사람이 없는 나라, 설움을 받는 사람이 없는 그런 나라를 누가 만들 수 있을까? 아무도 없다면, 내가 만들고 말겠다는 그런 꿈을... 어쩌면 그 당시에는 허무맹랑했던 그 꿈을 실현하고 싶었던 것 같다.

아버지가 돌아가시면서 가난만 남겨 놓으신 게 아니라, 빚까지 덤으로 남겨놓으셨기에 형제들의 삶은 늘 고단했다. 어머니의 삶은 이루 말할 수 없을 만큼 처참했을 것이다. 막내인 나에게 차마 보여주지 못한

모습들이 대부분일 것이다.

내 집이 있고, 끼니를 걱정하지 않고 살아가는 지금, 나의 어머니를 떠올릴 때마다 어머니가 너무 그리워진다.

6남매를 혼자 키워오시던 어머니는 어느 날 신 내림을 받으셨다. 그리고, 무당이 되셨다.

▲1977년 7월 17일. 어머니, 기억속의 어머니는 자식들이 굶지 않을까 일만 하시던 어머니. 이렇게 고운 모습도 있으셨구나. 보고 싶은 어머니, 이제는 그곳에서 저를 보며 웃고 계시겠지요.

무당, 초등학교도 못 나온 일자무식의 남편 없는 과부.

학교에서 편부모 가정을 조사하거나, 부모님의 학벌을 조사하는 일들이 빈번했다. 그 시간이 나에겐 참 고통스럽고, 불편한 시간들이었다.

문맹으로 살아오시다 나중에 한글을 독학으로 깨우치긴 하셨지만, 어렵게 살아오신 어머니.
어머니에게 달린 꼬리표는 그 어느 것 하나 자랑할 만한 것이 없었다.
당시, 무당이라는 직업에 대한 사회와 일반인들의 시선은 지금보다 더 차가웠고, 동네사람들 학부모들 등 주변의 멸시와 차별은 상상을 초월할 정도로 냉담했다.
곱상한 외모의 어머니에게 수작을 걸어오는 동네 아저씨들도 적지 않았다. 어머니는 여자의 몸으로 이 모든 시선과 차별, 그리고, 멸시와 천대를 이겨내셨다. 그런 어머니를 지켜보며, 나는 빨리 돈을 벌어야 한다고 생각했다.

지금은 웃으며 말할 수 있지만, 고구마, 감자 캐먹고 살았던 나의 이야기는 현실이었다. 누군가에게는 꽤 낭만적인 이야기로 남을 수 있을.. 나에게는 참 뼈아픈 기억들.
초등학교 시절의 이현웅은 가난을 이겨내기 위해, 빨리 자라 돈을 벌고 싶다는... 그런 꿈을 꾸었던 소년이었다.

▲어려운 시절을 힘든 줄 모르게 지나갈 수 있게 해준 초등학교 동문들.
이제는 남을 생각할 줄 아는 멋진 어른들.

이 현 웅
—
(중·고등학교 시절)

중·고등학교 시절까지도 얌전하고 말수가 적은 학생이었던 나는 사춘기를 꽤 오래 앓았던 것 같다. 무당 생활을 해 오던 어머니 때문에 가슴에 맺힌 것들이 참 많았다. 돈이 없고, 배움이 부족하다는 이유, 여자가 혼자 아이를 키우며 살아가는 것이 핍박받기에 충분한 이유는 아니었을 텐데, 어머니는 늘 핍박받고, 설움을 당하며 사셨다.

그 때부터 여성의 인권에 대하여 많은 생각을 했던 것 같다. 여성주의에 대해 특별히 공부를 한 것은 아니지만, 사회로부터 차별당하고, 갖은 핍박을 당해오신 어머니를 떠올리며, 나는 한국의 여성들이 사회에서 겪는 어려가지 어려움을 고민하게 되었다.

한부모 가정이 얼마나 힘들고, 고달픈지에 대해서도 늘 고민하며 그렇기 때문에 국민으로서 여성의 권리, 국가가 차별 없이 국민들에게 보장해야 하는 것들에 대한 권리와 의무, 가난이라는 두 글자에 얽힌 수많은 어려움과 공포심은 늘 나를 두렵게 했지만, 내가 반드시 벗어나야하는 돌파구이기도 했고, 이겨내야만 하는 목표이기도 했다.

국가가 국민들을 어렵게 만들어서는 안 된다는 생각. 그 생각을 더 진취적으로 확장시킬 수 있었던 삶의 울부짖음 그 자체였다.

중학교 2학년 때 까지는 공부에 대한 관심이 전혀 없었다. 공부를 해봤자 나에게는 성공의 기회란 주어지지 않을 것이니, 공부는 마치 다른 세상의 이야기인줄로 알고 살아왔다.

▲중학교 2학년 수학여행에서. 공부는 재껴두고 놀기에도 바빴던. 당시 나를 기억하는 친구들은 공부를 못했던 녀석이 지금 모습으로까지 성장한 나를 상상이나 했을까..

셋째 형님은 꽤 공부를 잘했지만, 같은 이유로 공업고등학교에 입학을 했다. 중고등학교 학비를 감당할 여건도 안 되었던 우리 형제들은 등록금이 밀려서 늘 학교에서 관리대상이었다.

 어머니는 우리 형제들이 공부를 한다고 할까봐, 인문계나 혹은 대학에 진학 한다고 할까봐 불안해 하셨던 것 같다.
그래서, 아예 애초부터 공부에는 관심도 갖지 말라며 만류 하셨고, 공부해봤자 아무 소용없다는 말씀, 연좌제 이야기를 늘 강조해 오셨다.
영화 82년생 김지영에 나오는 것처럼, 넷째형은 공부를 포기하고, 실업고등학교에 진학을 했다. 우리 형제들은 공부와는 아주 먼 나라에 살아왔다.

 그러던 중, 내가 공부를 하게 된 계기가 있었다.
 중학교 3학년 때였던가?
 초등학교 때부터 친하게 지내오던 여자 아이가 있었는데, 어느날 나에게 이런 질문을 했다. "넌 어느 고등학교 갈거야? 남자는 당연히 인문계 가는거 잖아?" 이 한마디였다.

 나를 자극했던 말.
 꼴지, 열등생, 공부와는 담을 쌓고 살았던 이현웅.
 이현웅을 긴장하게 했던 한마디였다. 왜 그랬는지 모르겠다.
초등학교 때, 이 아이는 덩치도 크고, 운동도 잘하고, 공부도 늘 잘해왔던 친구였다. 달리기를 해도 늘 1등을 해서 공책을 선물로 받고, 체력시험을 봐도 늘 우수했던 친구.
공부도 잘해서 늘 반장이었던 그런 친구.

여장부 같아서 그 친구 덩치에 깔리지 않았던 친구들이 없을 정도로
쾌활하고, 장난끼 많았던 그 친구의 말 한마디가 내 인생의 터닝포인트
가 되었다.
그때서야 비로소, '아! 나도 공부라는 걸 해봐야겠다.' 라는 생각을 하게
되었고, 그 때부터 공부를 시작했다.
그 친구의 말대로, 남자니까, 남들이 가는 그 인문계 고등학교를 꼭 가
보고 싶었다.

다리수술로 달리기도 못 뛰었던 나, 수술 때문에 반년이나 늦게 입
학한 초등학교.. 그로인해 글도 늦게 배우고, 엉망이었던 나.

늘 나는 열등생이었던 것 같다.
어쩌면 그렇게 초등학교 6년 동안 열등감에 젖어있던 나의 잠재의식
을 단숨에 일깨워 준 것이 그 친구의 한마디였던 것 같다.

다행스럽게도 나는 무엇인가 해야 한다고 마음을 먹으면, 반드시
해내는 성격이다.
중학교를 입학해서 다니는 2년간 꼴찌를 한 번도 벗어난 적이 없었
는데, 이렇게 시작한 공부.. 성과는 있었다.
중학교 졸업 즈음에는 반에서 7등, 11등을 했다. 영화나 드라마에서
처럼 전교 1등으로 단숨에 등극할 수는 없었지만, 소기의 성과였다.
어느 정도 공부하는 평범한 아이 정도는 된 것이다.

60명의 반 친구들 중에 늘 59등 60등은 내 몫이었는데, 어느 날 3~40
명의 친구들을 훌쩍 뛰어넘자, 담임선생님은 학교에선 처음으로

▲개구쟁이 초등학교때에는 말
수도 없는 순진한 나였지만
지금은 그때 그 시절의
친구, 선·후배들과 함께 모교에
가서 봉사활동을 하고 있다.
2019.4.28. 운천초총동문회
어르신경로잔치 봉사활동

진보상이라는 것을 만들어 주셨다. 바닥에서 갑자기 뛰어올라 공부를 한답시고 달려든 나를 참 예뻐해 주시고, 격려도 많이 해주셨다.

그런 와중에도 여전히 힘들었던 가정형편.
못 먹고, 못 자고... 어려운 삶은 끝이 나질 않았다.
그나마 형들이 일찍 취업을 해서 공장을 다니며, 나를 뒷바라지를 하기 시작하자, 적어도 내 학비는 감당할 수 있을 정도가 되었다.

그때부터는 죽고 싶다는 생각보다, 살고 싶다는 생각을 더 많이 하기 시작했던 것 같다.
절망적이었던 배고팠던 나의 삶이 비록 크게 나아진 것은 없지만, 바닥까지 떨어진 꼴찌 인생은 아니었기에 그나마 희망은 있었다고 생각했다.

그렇게 학업에 몰두하면서 나는 비실거리는 모범생이 되었던 것 같다.
먹는 것이 부족했고, 잠이 부족했기에 아침 조회시간에 운동장에서 쓰러지는 일이 빈번했다. 선생님과 친구들의 신세를 참 많이도 졌다.
하루는 버스를 타고 가다가 쓰러져, 버스운전기사 아저씨가 버스를 세우고 약국에 데려간 적이 있다.
참으로 헤아릴 수 없는 많은 사람들에게 신세를 지며 살아왔다.

뭔가에 한번 꽂히면 미친 듯이 열심히 집중하는 성격이 있어, 무엇을 하던 결정하기 전에는 많은 고민을 하는 편이다.
그리고, 일단 결정을 하면, 모든 에너지를 동원해 성공적으로 이끌어 가는 추진력과 리더십이 있다. 이후, 나는 대학원 석사, 박사까지 마치면서 직장에서도 줄곧 연구직을 고집해왔다. 중학교 2학년 때 흥미를 갖기 시작한 공부를 나이 50이 넘어서까지 즐기고 있는 셈이다.

▲형제들 중 인문계고등학교를 유일하게 진학하게 되어 어머니께서 특별히 중학교 졸업을 기념해주기 위해 오셨다. 형, 누나는 당시 일찍부터 일을 하러 가서 함께하지 못했다.

중학교 3학년 때인가, 갑자기 운천동에도 재개발 바람이 불기 시작했다. 좁은 쪽방 두 개 짜리 허름한 집이었지만, 우리 가족들의 보금자리이며, 아버지와 함께 지낸 유일한 추억의 공간이었던 곳. 유년시절을 보내온 삶의 터전을 떠나 우리가족은 운천동을 떠나, 석교동으로 쫓겨나듯 이사를 하게 되었다. 다행히, 이때는 형들이 장성해서 공장에 취업도 하게 되어, 굶지는 않을 만큼 형편이 조금씩 피기 시작했고, 겨우 전셋집을 장만할 형편이 되어 우리가족들의 제2의 보금자리가 상당구에서 시작되었다.

새집에서의 생활이라고 해서 마냥 행복한 것만은 아니었다. 운천동 흥덕사지 터 부근에 재개발을 하면서 갑자기 이사를 하게 되면서, 왜? 그 자리에 살고 있던 사람들에 대한 배려가 없는지에 대한 의구심을 들게 만들었던 사건이었다. 이 때문에, 중학교시절부터 도시 재개발에 대한 관심이 시작됐다. 정책적인 관심이나 업무적 관심이라기보다 나에게 직면한 현실적인 문제였고, 사회가 부당하다고 생각하기 시작한 첫 번째 이슈로 기억된다.
운천동 흥덕사지 터 부근에 재개발이 시작되면서, 주민들에게 적절한 보상이 해결되지 않은 채, 타 지역으로 이주가 강행되었고, 제 집이 아닌 서민들은 목소리도 내지 못한 채 삶의 터전에서 쫓겨날 수밖에 없었다.

이때부터, 나는 청주의 일꾼이 되어야겠다는 생각을 하기 시작했던 것 같다. 내 가족이 왜 살던 곳을 떠나 억지로 이사를 가야하는지에 대한 의문, 그리고, 왜 가난한 사람들은 목소리를 내지 못하는지에 대한 설움.

▲고등학교 1학년, 당시 난 키나 덩치는 친구들과 비슷했지만, 얼굴이 까맣게 탄거 같았다.

서민들이 힘없이 쫓겨나거나, 굶거나, 부당한 처우를 겪는 모습을 가까이 보고 겪으면서, 사회를 어떻게 하면 조화롭게 변화시킬 수 있을까? 하는 고민을 시작했던 것 같다. 그리고, 그런 사람이 바로 내가 되었으면 한다는 생각을 구체화시켜왔다.

학창시절 어쩌면 막연하고 어렴풋한 그런 생각을 했었다.

운천동에 살던 어린 시절에는 집이 너무 좁고, 허름해서 '나는 커서 건축과를 가서, 우리 집을 대궐 만하게 지어서 가족들마다 독방을 만들어 주고, 내 방을 가져야겠어.'라는 생각을 했었다. 그래서 초등학교 때, 꿈은 건축가였던 것으로 기억한다. 그리고, 석교동으로 쫓겨 가게 되면서, 개발되기 전 내가 살던 집이 허물어지고, 말뚝이 박힌 모습을 바라보면서 '이런 짓은 도대체 누가 하는 것인가?' 재개발이 도대체 무엇이기에 이런 짓을 사람들에게 함부로 강행하는가? 이런 생각들이 커지기 시작했다. 그리고, 내가 살고 있는 청주, 그리고 도시, 내가 살고 있는 도시, 내가 살아갈 도시...에 대한 많은 생각을 키워나가다가 결국 충북대학교 도시공학과에 진학하는 계기가 된 것이다.

　늘 그렇게 학창시절의 이현웅은 무엇인가 한 길을 정하면, 고집스럽게 그 길을 향해 묵묵히 걸어가는 용맹함을 지녔었다.

　신흥고등학교 3학년 시절, 영화 '1987'에 나왔던 故 박종철 고문치사 사건이 있었다. 이에 대한 국민적인 애도의 물결과 시위 분위기는 청주도 예외가 아니었다. 고등학교 등교를 위해 집을 나서 학교를 가던 중, 시위하던 대학생들을 지켜보게 되었고, 나도 모르게 고등학생 신분으로 그 시위에 참여하게 되었다.

어린시절부터 내재돼 있던 '사회의 편견', '국가와 부당한 권력에 대한 불만'이 나에게 투영되었었는지... 순간적인 나의 돌발행동에 내 스스로 매우 놀랐고, 그 때 그 순간의 기분을 지금도 잊을 수가 없다. 지금에 와서는 국민의 한 사람으로서의 부당한 사회에 대해 목소리를 낸 것이 아닌가 라는 정의로운 모습으로 해석하고 싶지만, 사춘기를 꽤 오래 앓았던 이현웅의 저 깊은 내면에 내재돼 있던 불만이 폭발했던 것 같았다. 수많은 국민 중의 한사람으로서 '이현웅'의 목소리를 처음으로 내었던 학창시절의 추억이자, 나의 첫 시위 경험이다.

▲1997년부터 서울에서 대학원을 다니고, 취업으로 인해 바쁜 직장생활로 청주까지 내려가지 못하고 재경 동문회만은 참석하려고 노력했다.

이 현 웅
—
(대학교 시절)

　고3때 느꼈던 그 짜릿한 폭발의 기분.

그 기분은 잠시였고, 비교적 열심히 공부했던 나는 국립대에 입학하게
되었다. 가정형편상 나의 선택은 국립대 밖에 없었고, 또 성적도 그리
좋은 편이 아니었지만 당시 담인 선생님은 성대 유전공학과와 충대
도시공학과 두 개의 선택을 제시해 주셨다. 둘 다 당시에 유망하게
전망되는 전공이었기에 고민이 되었다. 나의 성장에서 주택문제,
도시개발의 문제에 대한 깊은 상처와 가정형편은 충대 도시공학을
선택하게 하였다.

충북대학교 도시공학과는 신설과로 1회 입학생으로 다니게 되었지만,
내가 생각했던 도시문제의 해결에 대한 해답을 찾는데 답답함이
있었다. 더 이후에 알게 된 거지만 모든 중요한 도시정책의 의사결정권
은 학자나 행정가에 있는 것이 아니라 선출직 정치인만이 가질 수 있는
것을 알게 되었다.

재수를 해서 서울로 대학을 입학하려던 철없던 저를 어머니는 극구
만류하셨다. 실제 그 당시 가정형편으로 서울로의 유학은 불가능한
일이었다.

한 학기만이라도 충북대를 다녀보라고 하신 어머니 말씀에 따르기로 하고 다니기 시작한 대학에서 학생운동을 하던 고교 선배를 만나게 되었다. 그 선배님을 통해 우리 사회의 어려운 점을 함께 공유하고 이야기를 나누면서 나름의 대학생활에 적응해 하게 되었다. 그 선배를 통해, 우리나라에서 행해지고 있는 사회의 부조리와 부정부패와 광주 5.18에 대해 많은 사진과 대화를 나누게 되면서 점점 사회의 본질을 이해하게 되었다. 바른 역사를 알아야 한다는 생각을 하고 있을 때 선배님들이 '바른역사연구회'란 동아리를 만들자고 하는 제안에 동참하고 더욱 많은 근현대사와 우리나라의 문제에 대해 인식하게 되었다. 어린시절 가슴속에 어렴풋이 느낀 사회적 잘못을 체계적인 사회서적을 통해 정리할 수 있는 시기였다. 이 시기를 통해 더욱 올바른 권력과 참된 정부에 대한 고민을 하게 되었고, 마음속에 나중에 반드시 청주에서 내 꿈을 이루겠다는 다짐을 자연스럽게 하게 되었다. 한 20년 정도 후에는 내가 청주의 일꾼으로 어떠한 역할이든 할 수 있지 않을까 하는 막연한 기대 내지는 자신감과 설렘도 가져보게 되었던 것 같다.

1988년 가을에 만들어진 바른역사연구회라는 동아리를 우리는 줄여서 '빠사'라고도 불렀다. 이 연구회가 후에 충북대 학생운동의 하나의 흐름이 된 것이다. 1988년 이전에는 사실상 제대로 된 학생운동의 틀이나, 체계가 형성되지 않았었고, 다만, 사회 부조리에 대한 정의감 넘치는 사람들이 나서는 학생운동 정도에 불과했다. 이러던 것이 우리가 활동하면서 1989년부터 체계화 되었던 것이다.

1980년대 초반부터 학생운동이 체계화가 되었던 수도권의 대학과는 다소 온도차이가 있었다.

'빠사'활동을 통해 사회적 고통과 부조리를 어떻게 체계적으로 이해해야 하는지도 배웠고 사회 정의와 민주주의를 위해 흔들리지 않고 함께 해줄 동지도 만나게 되었고, 총학생회장도 하게 되었다.

▲당시 농활은 지금과 같은 농촌봉사활동의 줄임말이 아닌 농촌-학생연대활동의 줄임말이었다. 이는 사회를 구성하는 가장 기초적인 농민과 학생이 함께 서로의 생활을 고민하고 토론하며 사회의 발전 방향을 고민했던 시기들이다.

▶당시 시대 상황에 저항하며 투쟁했던 청년들이 믿고 있던 바는 더 좋은 사회에 대한 한줄기 희망의 외침이었다. 농민과 학생이 함께 서로의 생활을 고민하고 토론하며 사회의 발전 방향을 고민했던 시기들이다.

학생운동을 하는 것을 모르셨던 어머니가 어느 날 학생운동에 주축이 되고 있던 사실을 아시고 집안이 발칵 뒤집혔다. 어머니는 아버지께서 북에서 빨갱이가 싫다고 월남을 했는데, 아들이 되가지고 이게 뭐하는 짓이냐며, 당장 학교를 그만두라고 하셨다. 하지만, 학생운동이 사람들이 생각하는 것처럼 사회주의에 관한 책을 읽는다고 해서 빨갱이가 되는 것은 아니라고, 어머니를 설득해 보았지만, 잘 되진 않았다.

그때도 그렇지만 지금도 많은 어른들은 학생운동을 하면 다 사회주의자, 공산주의자라고 생각한다. 하지만 실제는 절대 그렇지 않다. 4.19세대의 학생운동도 빨갱이인가? 6.3한일협정 반대 투쟁을 했던 학생들도 다 빨갱이인가? 3.1운동을 목숨걸고 한 그 어린 학생들도 다 빨갱이인가? 그렇지는 않다. 전세계 어디를 봐도 학생운동은 어디도 있다. 역사의 어느 현장에도 있다. 사회적 부조리가 극에 달할 때 가장 가슴이 뜨거운 학생들은 양심의 목소리를 내고, 억압받고, 심지어 죽음을 맞이하기도 했다.

고대시대로부터 현대까지 수많은 혁명과 투쟁을 통해 만들어 놓은 것이 현재의 대한민국 민주주의이다. 시대의 흐름에 따라 투쟁했던 청년들은 어느시점이 오면 사회를 이끌어 가는 기성세대를 이루게 된다. 4.19혁명 세대의 김영삼, 김대중 두분의 대통령이 계셨고, 6.3 항쟁의 이부영 등 한일협정 반대투쟁 세대가 한 때를 이뤄 한국 정치의 주류를 형성했었다. 그 다음은 1980년 5.18민주화운동 김근태, 노무현 세대가 주류가 되고 이제는 87년 6월 항쟁의 주된 세력들이 정부와 여의도의 주축이 되어 있는 상태이다. 나는 86세대의 마지막 학번(88

번)이다. 우리의 세대도 10년이 지나면 후배 세대에서 밀려나갈
것이다.

인간다움이 손상받는 세상을 바꾸기 위한 무기는 한때는 철학이었고,
한때는 학문이었고, 한 때는 종교였다. 이러한 투쟁의 무기(철학이나
종교 등)은 시대에 따라 늘 변화하고 바뀐다.
그렇다면, 다음 세대의 변화의 동력은 무엇일까? 4차산업혁명에
기반한 철학이나 이론이 나오지 않을까싶다. 기존의 생각이나 철학
으로는 디지털전환의 시대라고 하는 4차 산업혁명의 시대를 제대로
설명하거나 이끌어가지 못한다. 새로 밀려오는 세계를 우리의 풍요와
인간다움으로 승화시키기 위해서는 새로운 사고방식과 새로운 주체가
필요하다. 새로운 시대를 새로운 젊은 주체들이 맞이할 수있게
해야만 성공적인 미래를 만들어낼 수 있을 것이다.

발전 없고 자기만을 하는 낡은 정치세대는 물러나고 새로운 주체와
새로운 정치의 시대를 기대해 본다.

▲당시 시대 상황에 저항하며 투쟁했던 청년들이 믿고 있던 바는 더 좋은 사회에 대한 한줄기 희망의
외침이었다.

대학시절 나의 별명은 백 미터 미남이었다.

멀리서 보면, 그나마 좀 봐줄 만은 했던 모양이다. 총학생회장을 하던 때, 총학사무실에 하루에 팬레터가 20통씩은 왔던 것 같다. 지난 이야기지만, 대학시절이나 대학졸업 후, 결혼 전까지 연애에는 통 관심이 없었다.

누군가 나에게 대학시절에 그 흔한 연애한번 안 해 봤냐고 물었던 적이 있다. 참 고집스럽게 들릴지 모르겠지만, 그 당시 나라의 민주화를 위해 써야하는 에너지를 사적인 부분에 써야한다는 게 싫었다. 스스로 생각해봐도 무척 고리타분한 녀석이었던 것 같다.

조직 내에서 연애를 하면 조직의 단합이 깨질 수 있어서 조직 내에서는 절대 연애를 하면 안 된다는 생각이 있었기 때문에 조직에서는 연애를 할 수 없었고, 도덕적으로 벗어나는 게 싫어서 연애라는 것에 관심을 갖지 않고 고집을 지켰다.

또한, 가진 게 너무 없었던 가난한 내 삶속에서, 어린시절부터 지켜봐온 나의 어머니에 대한 기억 때문에 여자는 보호해주거나 챙겨야 한다고 생각했는데, 나는 그럴 여유가 없는 사람이었기 때문에 연애는 나와는 동떨어진 다른 세상의 이야기였다.

학생운동은 나에게 어쩌면, 신앙이었다.

'신앙'은 사전적으로 '믿음의 대상을 굳게 믿고 가르침을 지키며 이를 따르는 일'을 말한다.

나는 우리나라가 좀 더 좋은 나라가 되었으면 좋겠다는 생각을 가졌다. 우리나라가 좀 더 민주적인 나라가 되었으면 좋겠다는 생각이 매일 밤

낮 잠을 못 이루게 했던 시절이었다. 당시 나의 진로에 대한 고민을 할 겨를은 없었던 것 같다. 하루하루가 살기 힘들었고, 버텨나가기에 급급했지만, 민주정부가 속히 이루어지고, 남북이 빨리 통일이 되었으면 좋겠다는 생각, 그러면 나라가 더 부강한 나라가 되지 않을까 라는 생각으로 나의 생각들을 실천으로 옮겼다. 그런 시대를 살았다. 대학 시절의 이현웅은 참으로 고리타분하고, 오로지 학생운동 밖에는 몰랐던 외골수였던 것 같다.

▲전국대학생대표자협의회(전대협) 5기 충북지역 의장으로 활동할 때,
전대협 구성원들과 함께 민주주의와 나라를 위해 투쟁하고 혼신의 힘을 다 했다.

당시에는 학생운동을 하면 누구나 집시법으로 다 잡아가던 시절이었다. 학생운동을 하는 근처에만 서 있어도 미필적 고의에 의한 사유로 학생들을 다 잡아갔던 시기였다. 시민들도 시위에 관심이 있더라도 접근도 못하던 그런 시절이었다.

총학생회장 시절 내내 나는 매일 밤 집을 바꿔서 잠을 이루었다. 민주화운동을 하는 것이 이렇게 고통스러운 일일까 고민할 겨를도 없었다. 위장을 위해안경도 바꿔써보고, 헤어스타일도 바꿔보고, 그렇게 도주생활은 늘 피곤한 일상이었다.

검거되던 그날을 뚜렷이 기억한다.

총학생회장 임기를 마치고, 수배생활을 하던 중, 1계급 특진에 300만원 현상금이 붙었다. 지방대학 총학생회장에게 그 정도의 현상금을 거는 일이 별로 없었기에 수배생활은 매우 힘들었다. 총학생회장 임기 때는 늘 나를 지켜주던 보디가드가 2명이 따라붙어 다녔는데, 그날따라, 차기 학생회 임원들을 도와주러 갔던 길에 검거돼 2년간의 수감생활을 하게 되었다.

교도소 안에서의 수감생활은 나에게 또 하나의 학생운동 혹은 인권운동의 시작이었다. 사람이 모여 있는 곳에서는 힘없는 사람은 늘 존재했기 때문에, 교도소 안에서도 그런일이 비일비재했다. 건달 생활을 하던 폭력전과자들이 연약한 사람들을 괴롭히고, 괴롭힘을 당한 사람들은 우리와 같은 시국 사범들에게 와서, 하소연을 한다. 건달들의 협박은 경찰의 그것보다 더 무섭다고 그들은 이야기했다. 우리는 약한 사람들의 인권을 위해, 교도소 안에서도 단식투쟁을 강행했다. 5일 가량은 늘상 이었고, 일주일 단식도 진행했다. 그렇게 건달들에 대한 강력한 징벌을 요구하면서 우리는 교도소 안에서 또 하나의 작은 사회 속에서 운동을 하고 있었다.

▲나에게 어쩌면 신앙이었던 학생운동은 당시의 학생사회에서 위와 같이 많은 학생들의 참여와 지지 속에 변화를 주창했다.

◀1988년도 광주 망월동 묘지.
수감생활은 무척 고되고 힘든 시간이었지만,
함께 했던 동지들을 생각하면 더한 고통도
견뎌낼 수 있었다. 30여년이 지난 지금도 우리
모두를 대신해 떠나갔던 동지들에 대한 미안함은
잊어본 적이 없다.

수감생활 내 갖은 유혹이 많았다.

나는 하루하루를 잘 버티자는 마음으로 수감생활을 이어갔다. 매일 책을 읽고, 공부를 하고, 마음을 가다듬었다. 매일 같이 교도관들이 찾아와 반성문을 작성하고, 동료들을 배신하면 석방을 시켜주겠다는 달콤한 유혹도 있었다. 또 때론 살해협박을 받기도 했다. 약자의 편에 선 자들을 보호한다는 이유로, 갖은 협박들이 나를 억눌렀지만, 나는 하루하루를 버텼다.

1992년부터 1994년까지 사회에 대한 기억이 없어서, 석방이후, 그 기간 동안의 월간지, 신문, 책은 있는 대로 다 찾아 읽고, 잃어버린 시간들을 찾으려고 노력했다.

교도소에서의 생활은 하루하루가 벼랑 끝에 서 있는 것만 같았다. 조금이라도 정신을 바짝 차리지 않으면, 모든 것이 흐트러지는 바람 앞의 등불 같은 상황.

그러나, 내가 원하는 목표가 뚜렷하다면, 흔들리지 않고, 끝까지 나의 목적을 달성할 수 있다는 자신감과 믿음, 확신을 나는 가지고 있었다.

수감생활 2년이 다 돼가던 어느 날, 이제 이틀 후면 이 곳에서 나가게 된다.

2년의 수감생활 동안 나는 많은 고민을 했고, 많은 토론을 하면서 4년간의 학생운동에 대해서 반성도 하게 되었다. 그때 내가 가졌던 가장 큰 이슈는 대안이 있는 사회였고, 새로운 사회에 대한 확실한 대안을 고민해야한다는 것이었다. 주변의 설득력 없는 주장만으로는 국민들을 설득할 수 없다는 것을 깨닫게 되었다. 보다 명확하고 구체적인 대안을 가지고 학생운동을 해야하는데, 우리는 그 동안 구체성 없이, 어쩌면 매우 맹목적인 운동을 했던 것은 아닌가 하는 회의도 들었다.

내가 생각하는 사회는 우리 어머니가 살아오셨던 것처럼, 재산의 유무나 학력 등에 따라 차별받는 것이 아니라, 누구나 평등하게 대우받는 사회를 만들고 싶었다. 이제, 이 문을 박차고 나서면, 그를 위한 보다 체계적인 연구와 실질적인 학문에 몰두해야겠다는 생각을 키웠다.

그렇게 2년간의 수감생활을 마치고, 나는 캠퍼스로 돌아갔다.
4년간 학생운동만 하던 캠퍼스의 모습, 그리고, 2년의 수감생활을 하고 다시 찾은 캠퍼스는 다른 모습이었다. 늘 학생들의 선봉에 있었던 더 없이 크고, 앞에 섰던 나였지만, 보다 더 큰 내가 되어야겠다는 생각. 그 생각으로 가득찼다.

학교로 돌아가니, 학생운동을 하던 후배들로부터 연락이 왔다.
보다 완벽한 체계를 갖추지 않은 내 모습으로 무언가를 말하고, 사회에 외친다는 것이 부끄러워졌다. 사람을 만나지 않고, 나는 스스로와의 싸움을 시작했다. 더 강해져야 하고, 구체적인 대안을 만들어 낼 파워를 갖는 것이 중요하다고 판단했다.
후배들로부터 오해를 받기도 했다. 도서관에 있는 나를 발견하는 후배들은 변질된 것이냐? 왜 후배들을 돌보지 않느냐? 실망스럽다.. 여러 가지 반응들이 엇갈렸다.
하지만, 시간이 지나면 그들도 느낄 것이다. 내가 가고자 하는 이 길의 의미를...

나는 재입학을 했다.
그리고, 학업에 매진하며, 2년 만에 졸업을 하게 되었다.

▲30여년이 지난 요즘은 민주 동문회라는 이름으로 모여 여전히 나라와 청주에 대해 각자의 위치에서 하는 고민들을 이야기하곤 한다.

이 현 웅
ㅡ
(대학원시절)

1996년 8월.

대학을 졸업한 후, 반년의 시간동안 대학원 준비를 해서, 서울시립대
대학원에 입학을 하게 되었다. 1998년부터 1999년까지 굶어가면서
석사과정을 통과했다. 여전히 어려웠던 고학생, 다행히도 막내동생을
챙기던 형님들께서 학비를 마련해주셨고, 시립대 교수님들께서 근근히
아르바이트 꺼리를 주셔서, 용돈을 조금씩 벌면서 학업을 이어갔다. 참
어려운 시절이었다. 그렇지만, 무엇인가 내가 하고자 하는 일들에
도전하고, 연구하고, 해결해나가는 일이 너무 흥미로웠다.

▲대학원을 졸업할 수 있었고 힘든 시간들을 견뎌낼 수 있었던 건 가족들의 희생
덕분이었다. 대학원 졸업식에 온 큰 형님과 함께 사진을 찍었던 순간을 생각하면 가족들에
대한 감사함이 가득하다.

▶대학원시절 지도교수님이시던 故 김일태 교수님은 무척 엄하지만 지금의 학구적인 토대를 쌓도록 기초를 만들어주시고 배고플 때 자장면을 사주시며 격려해주시던 감사한 교수님이다. 모여 여전히 나라와 청주에 대해 각자의 위치에서 하는 고민들을 이야기하곤 한다.

▲배고프고 많은 잠 잘 수 없던 날들이 가득하던 대학원 시기를 견딜 수 있던 또 다른 힘은 함께 밤을 지새며 토론하고 수학하던 동기들과 후배들이었다.

▲내가 30대의 대부분을 보낸 KDI는 국가경제정책 수립과 경제발전에 이바지하기 위해 설립됐다. 이 사진은 2000년 연구원으로 입사 후 2001년 KDI 북한산 연찬회 때의 모습이다.

이 현 웅
—
(KDI 근무시절, 그리고 연애와 결혼)

  석사를 졸업하고 나면, 나는 국책연구기관에서 2년 정도 연구 경력을 쌓고, 유학을 다녀올 계획을 가지고 있었다. 나 역시 이런 기회를 놓치고 싶지 않았고, 해외로의 유학을 준비하고 있었다. 그러던 중, 충북대학교에서 박사권유가 들어와서 잠시 유학 준비를 하는 김에 박사과정에 입학을 했다가 우연찮은 기회에 KDI와 연이 닿게 되어, 박사과정을 그만두고 취업을 하게 되었다. 당시, 일반 연구원으로 취업을 했는데, 정말 미친 듯이 연구에 몰입했던 것 같다.

  연구소장님께서 1년이 지난 어느 날, 부소장 하던 연구원이 두 분이나 연속으로 퇴사를 하시자, 나의 연구업무 성과를 높이 평가하시고는 업무연속성을 위해 입사한지 1년 밖에 되지 않은 나에게 부소장으로 임명해 주었다. 젊은 나이에 부소장이 되었다. 참 운이 좋았다. 나는 밤을 지새우며 열심히 일을 했고, 센터의 규모를 키우다 보니, 처음에 4명으로 시작했던 센터의 규모가 8명까지 늘어나게 되었다. 어느 날 사업이 늘어나서 인력을 충원하다보니, 비정규직 직원을 뽑을 수밖에 없었는데, 프로젝트가 끝나면, 비정규직을 내보내야하는 나는 이러한 상황을 받아들이기 힘들어, 프로젝트를 계속 늘려 나갔다. 그러다보니, 국책연구원으로 떠나려고 했던 유학은 타이밍을 놓치게 되었고, 책임감으로 계속 일을 하게 돼 KDI에서 10년간 근무하게 된 것이다.

KDI 입사를 하고, 2002년 즈음, 사촌동생이 고향 청주에서 올라와 서울에서 패션디자이너를 하고 있던 예쁜 숙녀를 소개해줬는데, 바로 지금의 아내이다.

당시 아내 역시 해외로 유학을 준비하고 있었는데, 우리는 유학을 준비하고 있었던 터라, 같은 영어회화 학원을 다니면서 가까워졌다. 연애를 시작하고 얼마 안되던 2002년 4월, 장가가는 것을 미처 못 보시고 어머님이 돌아가셨다. 어머니와 2002년에는 꼭 결혼을 하기로 약속을 했었는데 많은 아쉬움과 한탄이 들었다. 아내에게 이러한 상황을 이야기하고, 어머니와의 약속을 지켜야 한다는 이유로, 청주 출신의 서울깍쟁이 아가씨에게 과감히 프러포즈를 했다. 그리고, 그해 12월 29일, 2002년 해를 넘기지 않고, 결혼에 골인을 했다.

아내는 경찰공무원이셨던 아버지 밑에서 무탈하게 자신이 하고 싶은 것을 하고 살아왔던 평범한 집안의 규수였고, 나처럼 어려운 삶을 살아오지는 않았으나, 내 모든 어려운 형편을 이해해줬다.
다만, 지금도 내가 그녀에게 프러포즈를 하자마자, 아내가 직장을 그만두었던 것은 지금도 물어보고 싶은 궁금증 중에 하나이다. 아마 KDI 연구원의 연봉이 상당히 높은 것으로 알고 있었던 것 아닐까?

▲결혼 후 첫 아이(동재)의 돌때, 싱가폴의 처형네 집 앞 공원에서 함께한 첫 가족 사진이다.

함께 벌면 더 빠르게 갈 수 있었겠지만, 나는 늘 어머니의 삶에 대해 고민했던 아들이었기에, 남편이라면 아내를 책임지고, 배려하고, 지켜줘야 한다는 생각은 변함이 없었다. 적어도 가정에서는 보수적인 가장의 모습을 취해왔다. 직장을 옮기는 과정 속에서 백수생활을 두 달 정도 하던 때가 있었는데, 나는 그 때도 황금열쇠를 팔던, 시계를 팔던 무엇을 팔아서라도 꼬박꼬박 집에 월급을 가져다주었다. 그것은 남편의 의무라고 생각하며 살아왔다.

오랜 기간 근무하던 KDI생활은 정권이 바뀌면서, 적지 않은 어려움을 겪게 되었다.
어린 시절 늘 걱정하던, 아버지의 연좌제 관련, 그리고, 대학시절 운동권 이었다는 이유로, 2008년 같이 근무하던 유종일 교수님이 당시 MB정권 정책에 대해 신랄하게 비판하는 포럼과 칼럼을 낸 뒤, 유 교수님과 나는 사회주의자로 몰려, 2010년까지 2년 동안 감사원의 감사를 받았다. 진중권, 도종환, 유홍준, 문종인 교수 등과 참여했던 프로그램 들은 전부 좌파 프로그램으로 낙인 찍혀 사라지고, 기안 결재도 되지 않더니 결국 사업을 다 없어지고, 조직을 위해서 내가 그만두어야겠다는 결심을 하고, 이직을 하기로 하였다.

▲가족들은 힘들 때, 중요한 결정을 앞둘 때, 언제든 나의 든든한 지원군이자, 버팀목이었다. 아이들은 하나의 주체로 커주었고, 아내는 곁에서 한결같은 응원과 조언을 아끼지 않는다. 나에게 가족은 사랑이다.

이 현 웅
—
(KAIST 연구원 근무 시절)

그렇게 KDI에서 진행 중이던, 20억 규모의 사업을 보이콧 당하고, 나와 관련된 모든 프로젝트의 예산이 삭감되고, 감사원의 감사를 받았지만, 금전적이나 도덕적으로 문제가 된 것이 없었다. 하지만, 당시의 상황에 회의감을 느꼈고, 조직을 위해, 나는 새로운 터전으로 자리를 옮겼다.

카이스트는 나의 새로운 연구 기반이 되었다. KAIST에서 전자정보, 스마트시티, 교육프로그램 등을 운영하면서 5년 정도 근무하게 되었는데, KAIST는 아무래도 공학을 기반으로 추진되는 기관이다 보니, KDI와는 연구의 베이스도 달랐고, KDI출신, 운동권 출신이라는 편견과 인식 때문에 거부감이 적지 않았던 것 같다. 나는 스카웃의 형태로 채용되기로 했지만, 비협조적인 채용 행정절차로 인해, 두 달이나 대기를 하였고, 결국 채용이 확정되자, KAIST에서 전자정보, 빅데이터 연구센터, 금융과학연구센터를 맡아서 관리하게 되었다.

개인적으로는 KAIST에서 근무하면서, 4차 산업에 대한 기술적인 이해가 높아지는 계기가 되었다. 그 전까지는 도시공학, 정책, 경제의 인문사회학적인 부분으로 다양한 분야를 지켜봤다면, 기술이 사회에 미치는 영향을 느낄 수 있었다. 2016년 다보스포럼에서 처음 4차 산업혁명을 활용했던 것처럼, 2011년부터 2015년까지 카이스트에 있는 동안 '4차 산업혁명'이라는 시대적 흐름이 정의되어 나오기 이전에, 4차 산업혁명 관련된 기술들이 변화하고 있는 흐름과 새로운 시대에 필요한 여러 가지 기술(빅데이터 등)을 사회정책과 결합 할 수 있다는 것을 알게 된 좋은 기회가 되었다.

▲KAIST는 도시공학, 행정, 경제 등 인문사회학적 베이스를 가진 내게 공학적인 사고방식을 배우게 해주었고, 이를 융합한 다양한 프로그램을 운영하고자 했다.

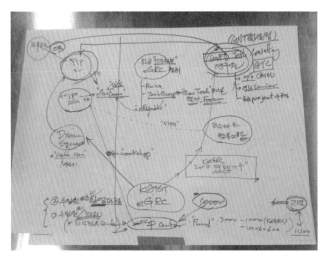

▲당시의 치열한 고민을 정리했던 페이퍼

▲해외 국가들과 협업하고 도움을 주는 것은 우리나라 기술의 우수성을 알림과 동시에 시스템과 사회적인 가치를 수출시켜 우리나라에 대한 긍정적인 이미지 제고를 통해, 국가 발전을 도모할 수 있는 중요한 일이다. 이 사진은 KAIST에서 2014년 팔레스타인 전자정부 구성을 돕는 교육을 진행한 후 촬영했던 모습이다.

이 현 웅
—
(공공혁신플랫폼과 서울시 성북구청 근무 시절)

KAIST에서 5년 동안 근무하고 퇴사해서는, 공공혁신플랫폼이라는 자회사를 설립했다. 4차 산업혁명 기반의 정책이 필요했는데, 진보 진영 컨설팅을 해주는 곳이 한 곳 정도는 있으면 좋겠다 싶어서 회사를 차렸는데, 사회를 잘 몰랐던 모양이다. 재능기부로 컨설팅을 해주고, 서포팅을 해주는 순수한 마음을 그들은 그리 곱게 보지 않았던 것 같다.

선배들은 이미 시장이나, 국회의원과 함께하는 이너서클이 있어서, 거기에 들어가야 했는데, 나는 그런 상황이 아니라 일이 쉽게 들어오지 않았다. 그러던 중 성북구 김형배 구청장이 업무를 의뢰하면서 성북구와 연이 닿아, 그 후 김형배 구청장의 정책을 서포트하게 되면서, 정책소통팀장으로 일하게 성북구청에서 일하게 되었다. 성북구에서는 실제 시행되는 정책들을 온라인 데이터 플랫폼으로 구축해 국민들에게 정책을 알리기 위해 노력했고, 그때 실무를 보면서 연구보고서들이 왜 현장에서 무용지물인지를 체감할 수 있는 기회가 되었다.

▲성북구청 정책소통팀장 재직 시 문재인 당시 대통령 후보님과 행사에서 함께.

　단지, Survey를 통해 나온 결과를 현실에 적용하는 것이 아니라, 현장을 기반으로 한 Survey가 진행되면 좀 더 좋은 결과가 나올 텐데, 대학 교육에서는 이렇게 현장을 반영하기에는 매우 힘든 것이라는 걸 깨닫게 되었다. 45만 성북구만 해도 이렇게 데이터가 많은데, 대학에서는 데이터 관련 법안들로 인해 활용할 수 없으니 대학에서 하는 연구들에 한계점들이 존재하겠다는 것을 깨닫게 되었다. 그래서 성북구에 입지한 고려대학교와 정책토론을 진행하며, 많은 기회를 만들어 민 · 관 · 학 협력을 진행하는 등 의미 있는 사업들도 진행했다.

▲성북구청 정책소통팀장 재직 시 추진했던 플랫폼 구축 워크샵 당시.

◀성북구청 정책소통팀장 재직 시 박원순 서울시장님과 함께.

▼성북구청 재직당시 팀원들과 함께.

이현웅
(문화체육관광부 한국문화정보원장)

당시 서울에서는 나름 성북구청에서 만들 공공데이터플랫폼에 관한 이야기가 성공사례로 언급이 되고 있었다. 평소 데이터에 기반한 정책 프로세스를 만들 수 있다는 자신감이 있었던 나는 문화정보원에 가서 나의 실력을 발휘하고 싶다는 생각을 하게 됐다. 기존 행안부를 중심으로 만들어가는 과학행정의 틀은 너무 커서 바로잡거나 모범사례를 만드는 것이 쉽지 않지 않다고 생각했다. 데이터가 거의 통합되어 있지 않은 문화예술 분야가 빅데이터에 기반한 정책 프로세스의 성공모델을 만드는데 적합하다는 생각을 가지고 있었다.

교과서에는 당연하지만 현실은 당연하지 않은 일들이 너무 많다. 법 앞에 모든 국민이 평등해야 하지만 그렇지 않다. 국가의 예산의 정말 필요한 분야와 필요한 사람들에게 쓰여 줘야 한다. 하지만 아직도 많은 국가정책은 1~2년 지난 거시 데이터에 기반하여 논리를 만들거나 심지어 데이터 없이 진행되는 정책도 많다. 특히, 문화체육관광분야가 그렇다.

▲문정원장으로 재직했던 2018년에 국회 문화체육관광위원회 산하기관 국정감사때, 증인선서를 하고 있던 모습.

▲국회 공공데이터 토론회 중 위성곤 의원, 김태년 의원, 김한정 의원, 박재호 의원님과 함께.

문화체육관광부 한국문화정보원장으로 취임하면서 목표를 '문화 빅데이터플랫폼 구축'에 두었다. 많은 우여곡절이 있었지만 문화 빅데이터 플랫폼 구축 계획은 공모 중에서 가장 모범적인 사례로 뽑혔고 정책실험의 기틀을 한국문화정보원에서 만들어 왔다. 데이터 즉 증거에 기반한 정책엔 지위나 재산유무나 학벌이나 지역의 차별이 없다. 없어야 한다.

 차별 없이 모두가 동등한 행복한 국가를 만들기 위해서 빅데이터 플랫폼은 반드시 선제적으로 구축되어야 할 것이다.

 처음 취임했을 때 한국문화정보원은 어려 부정부패와 정리되지 않은 업무와 조직으로 허술하기 그지없었다. 조직원들도 국가를 위해서 일한다는 마인드가 없어보였다. 국민 세금으로 운영하는 조직의 구성원들은 항상 세금을 납부하는 국민을 바라보고, 국민을 고객으로 바라보고 사업을 기획하고 집행해야 한다고 생각한다. 취임 한달 만에 조직개편과 조직의 비전을 국민 즉 소비자를 중심으로 바꾸었다. 구성원들과 계속적인 스킨십과 소통을 통해 내가 가진 비전과 철학을 공유하기 위해 노력했다.
문체부와의 관계도 일방적인 상하관계에서 서로 국민을 위해 일하는 공동체 관계로 조정하려 노력했고, 상당히 개선되었다. 조직 내 직원들과의 관계도 수직적 관계를 중시하며 상명하달의 체계가 아니라 서로 역할만 다른 수평적인 관계로 서로 존중하며 일하는 분위기로 만들었다.
특히, 인력수급의 유연성이 부족한 공공조직의 경우 보직과 역할의 유연한 이동이 필요하다고 생각한다. 한번 선배, 사수, 상사면 직장을 벗어나기 전까지 관계가 유지되는 호봉제적인 요소를 줄여나가야만 했다. 짧은 2년 사이에 많은 것을 이루기는 어려웠으나 소기의 성과가 있었다고 생각한다.

회사에서 일하는 아르바이트 학생도 정규직도 똑같은 직원으로 대했고, 열심히 일하는 사람에게 기회를 줬다. 인사를 통해 정책과 철학을 말했다.

퇴임을 하면서 취임전과 비교할 때 조직의 외적인 성장도 컸지만 내적인 단단함을 느낄 수 있어서 보람을 느꼈다. 한국문화정보원의 문화빅데이터플랫폼을 완성하지 못하고 나오게 되어 아쉬움이 많지만 동료들이 마무리 잘 할 것으로 믿고 기대한다.

▶기관 행사 중 배석자께 인사 드리는 중. 일할 땐 누구보다 진지하고 열정을 발휘하고, 평소엔 사람들과 함께 다양한 논의를 나누는게 제일 행복하다.

▲문정원장 재직 시, 충청북도와 업무협약을 체결하며, 고향 충북과 청주를 위한 방안을 같이 고민하고자 했다. 충청북도 이시종지사님과 함께.

▲도종환 장관님과 이흥원 화백님과 함께 문화 정책을 발전시키기 위해 머리를 맞대고 고민 했다.

▲이외수 선생님과 함께 문화데이터 박람회에서

▶현 문체부 2차관이신 최윤희 차관님과
함께 문화데이터 박람회에서고민하고
토론하며 사회의 발전 방향을 고민했던
시기들이다.

한류문화 및 한반도의 평화모드 확산을 위한
한국문화정보원·한국빌보드
업무협약식
2018년 7월 24일

▲빌보드 코리아 대표님과 함께 민간과 공공의 협력을 도모했다.

나는 늘 어머니의 삶에 대해 고민했던 아들이었기에,
남편이라면 아내를 책임지고, 배려하고,
지켜줘야 한다는 생각은 변함이 없었다.

- 이현웅 자서전 中 -

Part 2. 칼럼

한국문화정보원장으로 재직하며,
꿈꾼 조화로운 변화

조화로운 변화 First "사람이 우선이다."
|
"3 · 1운동 100주년,
문화 강국에 열정 바쳐 평화번영시대 돕겠다."

"올해는 역사적으로 3 · 1운동과 임시정부 수립 100주년입니다. 100
년 전에는 독립을 외쳤다면 100년 후인 올해는 평화를 외치는
해입니다. 100년 전 독립혁명가 백범 김구 선생님께서 '나의 소원'에서
밝히신 '세계에서 가장 아름다운 나라', '한없이 높은 문화 강국'을
이루는데 한국문화정보원이 일익을 담당할 수 있도록 열정을 다하
겠습니다."

서울신문과의 인터뷰에서 "지난해 남북평화TF를 구성했던 경험을
살려 올해는 우리 민족의 역사문화 발자취를 담는 특별기획
영상물제작을 기획하고 있다"며 다짐한 바 있다. 지난해에 이어
올해에도 북미정상회담과 남북정상회담 개최가 추진되면서 한반도를
비롯한 동아시아에 새로운 평화시대가 개막될 것으로 전망되기
때문이었다.

특히, "문재인 정부 정책으로 추진되는 4차 산업혁명의 5G 시대에
맞게 1인 맞춤형의 문화공공데이터를 미시적으로 더욱 세밀하게
구축할 것"이라며 "내가 있는 곳이 와이파이가 연결되는 곳 그

이상이라는 개념으로 문화도 향유할 수 있도록 할 방침"이라고 강조했다.

나는 보편타당한 인간의 권리, 인격과 품위를 보장해 줘야 한다는 생각으로 살았다. 28년 전 대학총학생회장, KDI국제정책대학원과 KAIST 연구원, 서울 성북구청 정책소통팀장을 거치면서도 똑같은 가치관을 가진 이현웅이었다. 국민들이 언제 어느 곳에서나 쉽게 접근해 향유할 수 있도록 10년, 20년 앞을 내다보면서 국민을 위한 정보원이 되도록 하겠다고 약속했다. 그 약속이 대한민국 문화강국 만세로 삼천리반도 금수강산에 울려 퍼지길 기대해 본다.

원장으로 취임한지 1년이 되던 날의 감동

취임 후, 눈코 뜰 새 없이 바쁘게 달려오다 보니 어느새 1년이 됐다. 국민들이 문화콘텐츠와 문화데이터에 쉽게 접근해 향유할 수 있도록 기존 연구 과제들을 전면적으로 개편했다. 특히, 대통령께서 말씀하셨던 사람 중심의 국가를 뒷받침하기 위해서였다. 4차 산업 혁명의 5G 시대의 도래에 따른 시대변화가 가져온 1인 맞춤형 정책이 가능한 스마트시대에 맞춰 마이크로 문화공공데이터를 구축하고, 빅 데이터를 GIS데이터에 올려 분석해 더욱 세밀한 정책을 수립하고, 데이터에 근거해 합리적인 의사결정을 하고 집행하는 것이다. 당장 눈앞을 위한 선택이 아니라 10년, 20년 앞을 내다볼 수 있는 혜안을 가지고 국민들에게 봉사하기 위해 노력하고 있다. 올해는 전략적으로 추진하고 있는 문화빅데이터플랫폼사업과 생활SOC시설 통합운영 시스템 구축사업에 역량을 집중할 할 계획이다.

학생운동가에서 정책실행가로 성장했다는 평가에 대하여

 역사의 순간마다, 살아가는 그 시대마다 억울하고 어려운 사람들이 있다. 보편타당한 인간의 권리, 인격과 품위를 보장해줘야 한다는 생각을 가지고 살았다. 이북에서 내려오신 가난한 아버지와 초등학교도 졸업하지 못하신 어머니 사이에 5남 1녀 중에 막내로 태어났다. 없이 사는 사람의 마음을 헤아려줄 수 있는 '사람'이 있는 사회와 ' 사람이 중심'이 되는 국가를 만들었으면 하는 마음이 컸던 것 같다. 내가 생각하는 진보는 억울하고 어려운 사람들을 돕는 것이다. 돈, 학력, 지역, 인종에 따라 인격이 무시되지 않는 사회가 진보된 사회다. 28년 전 총학생회장을 하던 1991년의 대학생 이현웅이나, KDI 국제정책대학원과 KAIST에서 연구하던 이현웅이나, 서울 성북구청 정책소통팀장을 하던 이현웅이나 똑같은 가치관을 가진 이현웅인 것이다.여러 조직에서 많은 경험을 하면서 성장할 수 있었음에 감사하게 생각하고 있다.

한국문화정보원은 문화정보서비스를 제공하는 기관

 2002년 (재)한국문화정보센터로 작게 시작해 2009년 문화정보화 전담기관 지정을 거쳐 2013년 기타공공기관으로 지정되었으며, 2019년으로, 개원 18주년을 맞이했다. 정보원은 문화체육관광부 소속 산하기관으로 국민 누구나 평등하고 고르게 문화를 향유 할 수 있는 문화정보서비스를 제공한다.

빅데이터 플랫폼을 구축하는 목적은 수도권뿐만 아니라 지역에서도 차별 없이 국민 누구나가 문화를 누리고, 향유 할 수 있도록 하기 위함인 것이다. 지역의 공연, 체육시설, 도서관이나 미술관, 편의시설 등의 정보 제공 또는 데이터 간의 결합은 단순 정보의 결합으로 그치지 않고 문화생활에서도 개인이 원하는 맞춤형 서비스 제공받을 수 있다.

빅데이터의 이해와 활용 저서 발간

지방정부에서 일을 하면서 공공빅데이터를 활용하면 보다 나은 정책의 기획, 입안 및 정책서비스가 가능하다는 생각에서 집필을 시작했다. 이 책은 기본적으로 공공부문의 종사자들에게 데이터의 중요성, 공공 빅데이터의 이해, 빅데이터의 실제 사례, 그리고 법 · 제도적인 부분을 담고 있다.

문재인 정부의 4차 산업혁명 정책과 연계해서 5G 시대의 문화 향유 방법

4차 산업혁명의 핵심 인프라로 언급되는 5G는 2018 평창 동계올림픽에서 포문을 열었으며, 올해 3월이 되면 본격 서비스가 개시될 예정이다. 5G 시대에서는 대용량 실시간 영상을 보기 위해 와이파이가 연결되는 곳에 의존하기보다는 내가 있는 곳이 와이파이가 연결되는 곳 그 이상이라는 개념으로 장소와 무관하게 대용량 실시간 영상을 시청할 수 있게 된다. 특히나, 스포츠 경기, 공연 등을 365도 영상 또는 홀로그램 등을 통해 실시간으로 볼 수 있게 됨에 따라 좀 더 현장감 있는 실감형 문화 소비가 가능할 것으로 보인다. 하지만, 단순한 대용량 콘텐츠가 아닌, 사람이 원하고 필요로 하는 실감형 문화콘텐츠를 제공해야만 5G 서비스가 제대로 활성화될 수 있을 것이다. 또한, 원격 의료, 자율주행 자동차, 스마트팩토리 등에 5G가 기반을 제공함에 따라 새로운 혁신이 가능해지고, 이를 통해 과거와는 완전히 다른 세상에 살게 될 것이다.

문화정보화 사업 중 문화유산 분야의 문화데이터 구축에 열정적이다.

'문화는 삶의 역사이다'는 말이 있다. 그렇기 때문에 정보원은 우리 문화유산의 디지털 보존뿐만 아니라, AR(증강현실), VR(가상현실) 등 신기술 변화에 따라 문화산업시장에 접목 가능한 콘텐츠 자원을 구축하는 데 힘쓰고 있다. 매년 활용 가치 높은 문화유산을 발굴해 3D 콘텐츠로 구축하는 업무인데, 2018년에는 청주고인쇄박물관과 국립한글박물관, 국립춘천박물관을 대상으로 구축 작업을 벌였다. 이미 구축된 3D 데이터는 전국의 학교에 연계하여 '찾아가는 문화유산 VR 체험교육' 으로 선보이기도 했다. 최근 남북 문화교류 확산 분위기에 따라 금강산 콘텐츠가 문화교류의 핵심콘텐츠가 될 것이라 기대하며, 우리 역사를 되짚어볼 수 있는 '3.1 혁명운동', '임시 정부 수립 100주년' 등의 테마를 선정해 보다 다양한 민족문화유산 콘텐츠를 선보일 예정이다.

문화데이터 관련해서, 특히 새로운 평화시대 개막에 맞춘 사업구상

그동안은 전국에 산재된 문화 분야 공공데이터를 수집 연계하기 위한 데이터 표준화와 관리체계 고도화를 수집된 데이터의 기반을 다졌다. 앞으로 본격적으로 시스템에 다양한 문화데이터를 얹어 문화포털 기반의 서비스를 구현할 계획이다. 민간과 지자체의 다양한 협업을 통해 빅데이터 기반의 지능형 문화정책 구현을 위한 "문화체육관광 빅데이터 플랫폼"을 구축하는 것에 집중할 것이다.

특히, 2019년은 역사적으로 많은 의미를 간직한 해로, 지난해에 이어 올해에도 북미정상회담과 남북정상회담 개최가 추진되면서 한반도를 비롯한 동아시아에 새로운 평화시대가 개막될 것으로 전망된다. 또한 올해로부터 꼭 100년인 1919년에는 나라의 독립을 위해 많은 국민들이 '대한독립 만세'를 외치며 3.1운동을 했었고, 임시정부가 수립된 것도 100년 전 일이다. 100년 전에 온 국민이 나라의 독립을 외쳤듯이, 100년 후인 지금은 온 국민이 나라의 평화를 외쳐야 할 시기일 듯 싶다.

그래서 한국문화정보원은 지난해에 내부적으로 '남북평화TF'를 구성해서, 통일시대를 준비하며 정보화 전담기관으로서의 역할을 고민했다. 그리고 올해는 더 나아가 우리 민족의 발자취를 담아보는 특별기획영상 제작을 준비하고 있다. 특별기획영상은 단순히 영상 1~2편을 의미하는 것이 아니라, 기획부터 제작까지 국민들이 직접 참여하고 제작하는 '전 국민 영화제'와 같은 형식으로 고민하고 있다. 앞으로 100년 후에, 우리 후손들에게 의미 있는 기록과 유산이 될 수 있도록 준비할 생각이다. 독립혁명가 백범 김구 선생님이 바라셨던 '문화강국'을 이루는데 열정을 다할 것이다.

판매 및 예매수수료가 없는 티켓예매 플랫폼 '문화N티켓'을 운영한 경험을 살려, 국민 누구나 예술가가 되고, 자유롭게 홍보하고 활동할 수 있는 환경을 만들기 위해 거리 공연가를 위한 홍보 및 결제 채널로 문화N티켓이 사용될 수 있게끔 시스템을 개선할 예정이다.

국민들께서 많은 관심을 갖고 참여해 마음껏 문화를 향유하시긴 바란다.

"온 국민 모두 차별 없이 문화 누릴 것"

4차 산업혁명 시대에 '데이터'는 원유나 마찬가지라고 하지만 이를 잘 활용하는 기업은 많지 않다. 아직까지 우리나라에서 '빅데이터'를 활용할 수 있는 분석기법이 발달하지 못해서다. 데이터를 잘 이용하기 위해서는 플랫폼이 있어야 한다. 그림, 글, 영상처럼 손에 잡히지 않는 수치로 나타낼 수 없는 문화 분야에서는 더욱 그렇다. 그런 문화 콘텐츠를 '데이터'로 만들어 산업으로 연결하는 기관이 있다. 바로 내가 근무하는 한국문화정보원이다. 문화 콘텐츠를 디지털로 전환한다는 것은 언뜻 듣기에 쉬운 주제는 아니다. 기관의 정체성을 하나로 정의할 수 없다.

빅데이터를 이용하면 국민의 피부에 와 닿는 정책을 만들 수 있다. 바로 오늘, 어제, 지난달, 1년 전의 데이터를 실시간으로 모니터링 할 수 있기 때문이다. 어떤 지역에서 어느 문화를 향유하는지 분석하는 자료가 있다면 정책을 체계적으로 만들 수 있다. 지금 정보원에서 해야 할 일은 빅데이터 '플랫폼'을 만드는 일이다. 정보원은 과학기술 정보통신부에서 시행한 '빅데이터 플랫폼 및 센터 구축' 공모 사업에서 최우수 사업으로 선정됐다. 1년에 80억, 3년에 240억원 규모의 예산을 지원받아 문화 빅데이터 플랫폼 구축 사업을 시행한다. 문화 빅데이터 플랫폼이 만들어지면 정교한 문화 정책을 만들 수 있다.

우리 한국문화정보원은 2002년 설립됐다. 3차 산업 시대에 만들어져 4차 산업 시대로 가는 길목에 섰다. 지금 문화 콘텐츠의 디지털화는 무엇보다 중요하다. 디지털화된 문화 콘텐츠는 어떻게 쓰일 수 있을까.

한국문화정보원은 문화데이터를 디지털화 하는 기관이다.

한국문화정보원은 아날로그인 문화데이터를 디지털화하는 기관이다. 즉 '문화정보화'다. 쉽게 와 닿지 않을 것이다. 유무형의 문화를 디지털 기술을 통해 정보가 될 수 있도록 하는 일이다. 국민 누구나 평등하고 고르게 문화를 즐길 수 있어야 한다. 문화정보 서비스를 누구나 쉽게 접할 수 있게 문화를 데이터로 구축하는 일을 한다. 또 흩어진 문화 데이터를 모으고 재가공해서 가치 있는 정책으로 재탄생 시키는 일 또한 정보원이 하는 일이다.

문화유산을 디지털화해서 문화 데이터로 복원하는 일은 기술적으로 손쉽게 할 수 있는 일이다. 그러나 전 세계인들이 즐길 수 있는 문화 콘텐츠로 만드는 일은 또 다른 문제다. 정부에서는 민간에서 보다 많은 문화 콘텐츠를 생산할 수 있도록 데이터를 구축하는 데 초점을 두고 있다. 그런 면에서 정보원은 우리 삶과 생활 곳곳에 있는 문화를 보존하고 후손들에게 알려주기 위해 '문화'를 디지털화해서 문화 데이터로 구축하고 있다. 이를 민간에서 활용, 문화 콘텐츠로 만들 수 있는 기반을 만들고 있다.

  정보원의 정체성은 한마디로 정의하기가 어렵다. 4차 산업혁명의
특징 중 하나는 산업 간의 경계가 무너지는 것이다. 이를테면 카카오
톡이 SNS 회사지만 대리운전 회사기도 하고 금융 회사기도 하다.
공공기관도 유연하게 움직여야 한다. 특히 문화정책 서비스는 기관들
간의 역할도 중복되고 벽도 무너져가고 있다. 한국문화정보원은 4차
산업혁명 시대에 새로운 정책 공공기관으로 새로운 시도를 하고 있다.
어떤 하나의 역할뿐만 아니라 유연하게 대응하는 기관이다.

빅데이터를 한 곳에 묶을 수 있는 빅데이터 플랫폼 사업

  빅데이터를 한곳에 묶을 수 있는 빅데이터 플랫폼 사업은 내가
기관장이 될 때부터 가장 역점을 둔 사업이다. 처음에는 빅데이터
플랫폼이 왜 필요한지 설명하는 게 어려웠다. 빅데이터라는 게 사실
뜬구름 잡는 것이라고 생각할 수 있다. 빅데이터 플랫폼이 만들어져야
국민이 원하는 제대로 된 정책을 만들 수 있다. 전 국민은 누구나
문화정책 서비스를 균등하게 받아야 한다. 이런 가치에 기반한 정책을
만들기 위해서는 국민이 문화 서비스를 어떻게 받는지 현황을
정확하게 알아야 하는데 그 자료가 없다. 정확한 데이터가 없지만
예산이 집행되고 정책이 만들어진다. 다른 부서도 마찬가지라고 생각
한다. 빅데이터 플랫폼이 만들어지면 당장 오늘, 이번 주, 혹은 지난
달에 국민들이 어떻게 문화예술을 소비했는지 실시간으로 알 수
있다.

문화 분야의 빅데이터 플랫폼을 구축하면 수도권뿐만 아니라 지역에서도 차별 없이 국민 누구나 문화를 누릴 수 있다. 지역의 체육시설이나 도서관, 미술관, 편의시설, 공연 정보를 제공할 수 있다. 데이터 간의 결합은 정보의 결합으로 그치지 않는다. 문화생활에서도 개인이 원하는 맞춤형 서비스를 제공받을 수 있다. 축적된 데이터는 분석하고 가공돼 지능형 의사결정 지원 서비스가 될 수 있다. 주요 문화정책 결정을 위한 기초자료로 활용할 수 빅데이터를 공유하고 활용할 수 있는 시스템을 구축하려고 한다.

문화데이터는 삶의 현장에서 다양하게 활용되고 있어

국립중앙박물관에 가면 박물관 안내를 직원이 아닌 로봇이 한다. 바로 문화 큐레이팅봇인 '큐아이'다. 지난해 과학기술정보통신부가 주최하는 '2018 ICT(정보통신기술) 기반 공공서비스 촉진사업'으로 '큐아이' 서비스를 시작했다. '큐아이'는 우리나라 최초의 큐레이팅봇으로 자율주행과 음성인식이 가능해 박물관 관람객에게 전시 해설과 안내를 성실히 하고 있다.

또, 문화유산을 3D콘텐츠 • AR(증강현실), VR 콘텐츠로도 작업을 하고 있다. 지난해 청주고인쇄박물관과 국립한글박물관, 국립 춘천박물관 에서 3D데이터를 구축했다. 이제 박물관에 가지 않고도, 박물관에 진열된 문화유물을 안방에서도 손쉽게 볼 수 있다. 또 유네스코 세계 기록이자 현존하는 세계 최고의 금속 활자본인 〈직지심체요절(直指心體要節 • 직지)〉도 지난해 3D 데이터로 구축했다. 이렇게 박물관에 구축된 3D 데이터는 전국의 학교에 연계해 '

찾아가는 문화유산 VR 체험교육'으로 선보여 많은 학생에게 큰 호응을
얻었다.

빅데이터를 활용한 정책과 성과

제주도 사례를 들 수 있다. 제주도는 관광객에게 무료 와이파이를
제공한다. 그 데이터로 관광객이 어떤 동선으로 관광 코스를 정하는지
알 수 있다. 그걸 기반으로 제주도에 방문하는 사람들에 대한 패턴을 알
수 있고 편의를 위해서 어떤 서비스를 강화할 것인지를 결정할 수 있다.
제주도의 관광산업은 지역의 거점산업이라고 할 수 있다. 빅데이터에
기반해 관광객이 원하는 정책을 만들면 산업이 더 발전할 수 있다.
정보를 정확하게 아는 것이 경쟁력 있는 문화상품을 설계하는 데 중
요한 요소다.

과학기술정보통신부에서 선정한 '빅데이터 플랫폼 및 센터 구축' 공모
사업에서 최우수사업으로 선정됐다. 우리 정보원이 가장 높은 점수를
받았다. 앞으로 우리가 1년에 80억, 3년에 240억 원 규모의 문화
빅데이터 플랫폼 구축사업을 시행한다. 이번 달부터 향후 3년 동안
문화 빅데이터 플랫폼을 만든다.

한국문화정보원에서는 이와 같은 정보를 제공함에 있어, '문화정보
서비스'를 제공하는 문화포털을 운영한다.
지자체마다 문화재단이 있다. 문화재단은 정부에서 재원 지원을 받아
운영한다. 공공으로 운영되는 재단에 대해 문화포털을 통해 어느
지역에 어떤 문화 서비스와 행사가 있는지 위치에 기반해서 알 수 있다.
또, 우리 나라의 문화유산, 유물·유적, 문화재 등의 정보를 한데 모은

'전통문화포털'을 운영하고 있다. 중소규모 예술단체를 위한 티켓 판매 사이트 '문화N티켓'을 통해 문화공연 관람권을 티케팅 할 수 있다. 지난해부터 새롭게 도입된 '문화비 소득공제' 정보시스템도 구축해서 서비스하고 있다. 공공분야의 저작물을 전 국민이 무료로 활용할 수 있도록 한 '공공누리'라는 제도도 운영하고 있다. 또 우리 문화유산에 내포된 전통 문양을 일러스트 파일로 추출해 민간에서 디자인 소스로 활용 가능하도록 약 11만 건을 개방하고 있다. 이 모든 것을 국민이 무료로 사용할 수 있다.

길거리 문화가 활성화돼야 문화강국이다.

길거리 문화가 활성화돼야 문화강국이 된다고 생각한다. 그런 의미로 버스커를 지원하는 시스템이 있었으면 좋겠다. 문화는 길거리에서 만들어진다. 요즘은 현찰을 잘 가지고 다니지 않는다. 모두 카드를 쓰니까 모바일로 노래하는 분의 정보를 입력해서 후원하는 시스템을 만들었으면 좋겠다.

세계 최초 5G서비스에 대하여

국내 통신 3사가 지난 4월에 세계 최초로 5G 서비스를 시작했다. 역사적으로 우리나라는 1996년 세계 최초로 CDMA 상용화에, 그 2년 후에는 세계 최초로 초고속 인터넷 상용화에도 성공했다. 아시아의 작은 나라인 대한민국에서 세계 최초로 기술을 서비스하고 펼치는 모습은 정말 대단하다고 생각한다. 하드웨어적으로는 성공했지만 소프트웨어로 뒷받침됐나 생각해야 할 때다. 우수한 콘텐츠를 기반으로 고객 맞춤형 서비스를 제공하는 기업을 떠올리면 구글, 아마존, 넷플릭스, 페이스북, 알리바바 등 대부분 해외 글로벌 기업이다. 하드웨어는 훌륭했지만 소프트웨어적인 측면에서 내공을 다질 때다.

문화 데이터 활용 경진대회

 사실 문화 데이터를 활용해서 아직까지 혁신적인 무엇인가를 이뤘다고 할 수 없다. 새로운 문화산업과 문화기업, 서비스를 만들어야 한다. 똑같은 서비스를 가지고는 경쟁력이 없다. 그러기 위해 1차적으로 활용하는 방식으로는 비전이 없다. 문화강국으로 가려면 현상 데이터, 공공 데이터로 제대로 된, 새로운 창의적인 서비스 기업을 만들어야 한다. 지금까지는 공공부문보다 민간회사인 '야놀자'나 '여기어때' 등의 민간기업이 데이터를 더 잘 활용했다. 경진대회는 빅데이터를 잘 활용하는 민간기업을 찾아 지원하자는 취지다. 앞으로 데이터를 가지고 얼마나 경쟁력 있는 정책 서비스를 제시할 것인지 정해야 한다. 서비스 기업 벤처들이 있다면 후원하고 지원하고 싶다. 좋은 아이디어만 있으면 육성할 수 있는 기반이 마련돼야 한다는 취지다.

내 삶의 철학은 누구도 차별받지 않는 사회

 어렸을 땐 어렵게 살았다. 청주 흥덕사지터에 살다가 재개발된다고 쫓겨나기도 했다. 초·중·고등학교도 어렵게 다녔다. 늘 생각했던 것은 누구는 빚쟁이에 쫓겨야 하고, 누구는 매 끼니 때마다 먹을 것에 시달려야 한다. 또 다른 누구는 먹고사는 것 걱정 없이 산다. 모두 다 같이 행복할 수는 없을까 고민했다. 국민들이 좀 더 행복 할 수 있을지에 대해 생각했다. 도시정책을 전공한 것도 이 때문이다. 소득수준에, 지역에, 성별에, 학별에 차별받지 않아야 한다. 문화정책 서비스는 공공 서비스다. 모두가 받을 수 있어야 한다.

국민들이 골고루 받을 수 있는 문화정책을 고민하고 있다. 문화정보원을 통해 문화 빅데이터 플랫폼을 구축하여 국가에 기여하는 것도 나의 꿈이다. 문화 빅데이터 플랫폼을 잘 구축해서 정책 패러다임의 모범을 만들고 싶다.

"누구나 누릴 수 있는 문화 빅데이터를 만들겠다."

　정보와 데이터 전쟁이 치열해지는 4차 산업혁명 시대에서는 '빅데이터'가 중요해졌다. 전 세계에서 생산된 데이터가 필요로 하는 사용자에게 전달되기까지 데이터를 수집하고 구축하고 가공해 사용자에게 전달하는 일련의 유통 과정이 필요하다. 특히 사람들의 생활 전반에 걸쳐있는 '문화' 분야는 유형의 데이터로 만드는 게 더욱 어려운 일이다.

이런 상황에서 데이터를 활용하고 분석해 미래가치를 창출할 수 있는 문화콘텐츠와 문화빅데이터로 만들어 산업으로 연결하는 것은 매우 중요한 일이다.

문화데이터, 디지털 문화정보로 탈바꿈

　한국문화정보원은 문체부 산하 문화정보화 전담 공공기관이다. 아날로그 형태인 문화데이터를 디지털화하는 일, 즉 유무형의 문화 디지털 기술을 국민들이 쉽게 접할 수 있는 문화정보로 만들어 제공하는 기관이다. 생소한 '문화정보화'라는 말을 "문화정보화는 유무 형의 '문화'를 쉽게 알 수 있는 '데이터'의 형태로 만들어내는 일이다.

예를 들어 우리 문화유산 중 세계최고의 인쇄활자본인 '직지 심체요철'을 국민들이 쉽게 보고 느낄 수가 없었는데, 이를 3D데이터로 구축해 국민들은 박물관 앱으로 직지심체요철의 모습을 생생하게 볼 수 있게 된다. 기존에는 박물관에 직접 가야만 문화유산과 문화유물을 볼 수 있었다면, 이제는 3D데이터를 통해 집에서도 손쉽게 어플 등을 통해 박물관에 전시된 유물을 바로 볼 수 있게 되는 것"이라고 설명했다. 실제 지난해 국립제주박물관과 국립전주박물관 앱을 만들고 3D데이터 구축을 통해 국민들이 안방에서 박물관에 있는 유물을 실시간으로 관람할 수 있게 만들었다.

유년시절 3D로 국민디지털 신문화를 꿈꾸다

사적 제315호 청주 흥덕사지. 1985년 '운천지구택지개발사업' 중 많은 유물이 발굴돼 세계 최고의 금속활자본인 직지심체요철이 만들어진 곳이다. 이후 고인쇄박물관이 생기고 '청주직지페스티벌' 등을 통해 흥덕사지터는 역사적, 문화적으로도 중요한 장소가 됐다.

나에게 흥덕사지터는 문화유물이 많이 발견된 사적지 이상의 의미를 갖고 있다. 흥덕사지터 주변 마을에서 태어나 1985년 재개발이 시작되면서 집을 이사했던 기억을 가진, 어린 시절 추억과 향수가 있는 옛 동네이기 때문이다. 소설 속 주인공인 귀공자 타입으로, 도시공학을 전공하고 '문화도시'를 꿈꾸며, '문화빅데이터 플랫폼'을 만드는 한국문화정보원의 기관장인 나를 두고 사람들은 흔히 고생 한번 안 한 사람같다는 이야기를 한다. 하지만 나는 유년시절 가난을 벗어나지 못했다. 이북에서 내려온 성실하지만 가난한 아버지와 초등학교를 졸업하지 못한 어머니 사이에서 5남 1녀 중 막내로 태어난 흙수저 출신으로 서민들의 마음을 그 누구보다도 잘 이해하고 헤아리는 것이 최대 강점이다.

나는 "누구는 빚쟁이에 쫓겨 다니고, 또 누구는 매끼니 먹을 걱정을 해야 한다. 반대로 먹고사는 걱정 없이 사는 사람들도 많다. 유년시절부터 모두 다 같이 행복할 수 있는 방법을 연구해 왔고 특히 '문화'를 누릴 수 있는 방법은 없을까 라는 생각을 많이 했다. 그래서 도시정책을 공부하고, '문화도시'를 꿈꾸게 됐다"고 속마음을 내비쳤다.

나는 대학에서 도시공학을 전공하고 도시행정학 박사를 거쳐 도시에 있는 모든 사람들을 위한 보편적인 도시정책을 고민하고 꿈꿔왔다. KDI에서 정책연구를 하고 카이스트 공공혁신전자정부연구센터에서 공공분야에 대한 고민을 하다 '공공혁신플랫폼' 이사장을 역임했다. 유년시절 꿈꾸던 '누구나 문화를 누리는 일'을 위해 현재도 꿈을 실현하기 위해 한 걸음씩 나아가고 있다. 보편적인 도시정책과 모든 사람들이 공평하게 누릴 수 있는 문화생활 접근성을 실현하기 위해 지난해 1월 한국문화정보원 원장에 취임했다.

대한민국 최고 '빅데이터 플랫폼'을 로망으로

나는 한국문화정보원장으로 취임 후 지난 5월. 과학기술정보통신부에서 시행한 '빅데이터 플랫폼 및 센터 구축' 공모사업에 응모해 최우수 사업으로 선정되기도 했다. 취임과 동시에 '문화빅데이터 플랫폼 구축'을 슬로건으로 내걸고 이를 실천하기 위한 노력을 시작했다. 이를 위한 첫걸음으로 한국문화정보원의 빅데이터 센터는 공공과 민간이 협업해 데이터를 생산·구축하고, 플랫폼은 이를 수집·분석·유통하는 역할을 담당하고 있다. 또 센터는 나의 구상을 현실화하기 위해 문화 플랫폼을 구축하고 개인 맞춤형 원스톱 문화·체육정보 제공을 통해 문화·예술 관람률과 생활체육 참여율을 높이는 데 사업의 역점을 두고 있다.

내가 그리는 '문화 빅데이터 플랫폼'

한국문화정보원이 최우수사업으로 선정된 '문화 빅데이터 플랫폼' 공모사업은 한국문화정보원과 나의 주도하에 지난해 12월부터 준비한 사업이다. 빅데이터 센터에 참여하는 10개 기관을 공공과 민간 분야에서 각각 5개씩 구성해 양쪽의 데이터와 수요를 컨소시엄 참여 기관들이 가지고 있는 데이터와 역량을 분석해 유기적인 협업 체계를 구축해 만들어낸 사업이다. 특히 관련 범위가 매우 넓은 문화 분야에서 하나의 일관된 청사진을 그릴 수 있도록 센터 선정에 심혈을 기울인 결과물로 최우수 사업에 선정됐다. 공모과제 심의위원들로부터 "오랜 기간 센터의 구성과 플랫폼의 방향성을 고민한 흔적이 보인다"는 극찬을 받아 종합평가에서 가장 높은 점수를 획득해 종합 1위 과제의 영예를 안았다.

나는 한국문화정보원 원장으로 취임하고 가장 큰 성과였다고 생각한다. 유년시절부터 꿈꿔오던 국민들의 보편타당한 문화생활과 문화도시를 위해, 문화빅데이터 플랫폼을 실천할 수 있게 돼 기쁘다. 문화 빅데이터 플랫폼은 우선 다양한 공연이나 문화 활동에 대한 정보를 학습하고, 사용자에게 맞춤형 추천을 해주는 '마이 컬처럴

라이프(가칭 · My Cultural Life)' 서비스를 준비하고 있다. 정부가 추진하는 공공 서비스 '민원24'가 국민들의 민원을 One-Stop 서비스로 처리하고 있는데, 이에 따라 문화 활동도 사전에 공연 추천부터 내비게이션 안내, 공연 후 음반 · 도서 등 관련 상품도 추천해주는 One-Stop 통합 서비스를 제공한다는 계획을 추진하고 있다. 우선 1차 년도에는 공연과 전시에 한정해 시범 서비스를 구축하고, 2차년 도부터 도서와 체육 분야로 확대하며 본격적인 서비스를 구축할 계획이다.

공공데이터포털을 보면 문화 · 관광 분야 데이터의 민간 활용 사례가 타 분야에 비해 독보적으로 높은데, 이는 데이터의 품질이 특별히 뛰어나다기보다는 문화 · 관광 분야 자체가 타 산업과의 융합이 쉽고 비즈니스 모델로 손쉽게 접근할 수 있기 때문이다. IT 종사자들만 이용할 수 있는 어려운 빅데이터가 아니라, 일반인들도 손쉽게 이용하고 누릴 수 있는 문화빅데이터 플랫폼을 만들어 국민 누구나 문화를 누릴 수 있도록 도움이 되고 싶다.

더 나음을 위한 변화.
공공디자인으로 시작하다.

지난 9월 충청남도 아산시의 온양중학교 앞 어린이 보호구역 내 횡단보도에서 교통사고로 9살 어린이 김민식 군이 사고가 발생했다. 무엇보다도 이 사건이 안타까운 이유는 사전에 충분히 예방 가능한 사고였다는 점이다. 어린이보호구역으로 지정된 구간임에도 불구하고 교통안전시설이 너무 미흡했다. 현장에는 신호등과 안전펜스가 없었고, 과속카메라도 없어 결국 횡단보도에서 사고가 나기 쉬운 환경이 조성되었던 것이다. 결국 이러한 사실들이 피해자의 눈물어린 호소로 전해졌고, 청와대 국민청원과 법안 개정이 더불어민주당 강훈식 의원 등 17인이 '민식이법'으로 발의 하였다.

'민식이법'으로 불린 스쿨존 횡단보도 교통사고의 이면에는 사고가 나기 쉬운 환경, 즉 안전펜스, 신호체계, 교통안전시설 및 안내 등 공공디자인의 역할이 국민의 안전과 삶의 행복과 직접적으로 관련 있음을 확인하는 아픈 사건이었다. 이러한 배경에서 공공디자인 본연의 공공성에 대한 회복의 요구가 증가하였으며, 기존의 공공디자인 역할인 장식적·선심성 기능에서 '안전·편리' 등 실질적 삶의 질을 제고하는 기능으로 요구되고 있다.

공공디자인 본연의 공공성에 대한 논의로 지난 11월 한국문화정보원과 (사)충북공공디자인협회가 공동주관하고, 건국대학교 글로컬산학협력단와 공동으로 청주시 공공디자인 심층 세미나를 개최하였다. 이 세미나에서는 충청북도 11개 시•군 실무담당자 및 공공디자인 관련 담당자, 충청지역 디자인 기업 등이 참여하여 충북의 공공디자인의 역할과 나아가야 할 방향에 대해 모색하는 귀중한 자리를 마련하였다. 세미나를 통해 지역과 중앙부처의 역할과 공공디자인의 문제점을 논의하였고, 다양한 추진방안이 거론되었다.

2016년 8월 4일 〈공공디자인 진흥에 관한 법률(약칭 : 공공디자인법)〉이 시행 된지 3년이 지났다. 공공디자인법 시행원칙 제10조에는 다음과 같은 기본원칙을 포함하고 있다. △ 공공의 이익과 안전을 최우선, 아름답고 쾌적한 환경 조성, △연령, 성별, 장애, 국적 등 관계없이 모든 사람이 안전하고 쾌적하게 환경 이용, △국가 · 지역의 역사 및 정체성을 표현하고 주변 환경과 조화 · 균형 등 공공디자인의 주요 기능이 담겨 있다. 그러나 국가적 차원에서 공공디자인 정책을 체계적으로 추진하게 되었으나, 법 적용대상에 있어서는 한계점이 드러난다. 먼저 구체적으로 살펴보면 2018년 기준으로 245개 지자체 중 150곳(61%)만이 공공디자인 조례를 제정하고 있으며, 광역의 경우 15곳(88%) 제정(울산, 세종 미제정) 기초의 경우 135곳(59%) 제정하고 있다. 특히 영남지역 비율이 낮음이 파악된다. 지역별로 보면 서울 84%, 경기 100%, 부산 12%, 대구 11%, 경북 21% 비율로 조례를 제정하고 있다. 공공디자인법 시행령에 명시된 공공디자인위원회 구성 및 운영을 살펴보면 광역은 12곳(71%)이 구성(울산, 세종, 강원, 전북, 경남 미구성), 기초자치단체는 90곳(40%)이 구성, 대부분의 기초자치단체는 아직 활성화가 되지 못하고 있는 실정이다.

　민식이법에서 살펴보았듯이 어린이 보호구역에서의 공공디자인은 총괄은 문체부, 경관은 국토부, 옥외광고물은 행안부 등 다양한 기초 자치단체와 부처 간의 통합 검토와 협력이 절실하다. 다시는 제2의 민식이가 나오지 않도록 공공디자인위원회를 활발히 운영하여 국민의 안전과, 차별 없는 환경이용, 지역과 중앙의 조화와 균형을 이룰 수 있도록 모두가 협력해야 할 것이다.

4차 산업혁명과 일자리 4.0

역사적으로 산업혁명은 기존 산업의 한계에서 새로운 변화로 이루어져왔다. 18세기 증기기관 기반의 기계화 혁명인 1차 산업혁명, 19세기 2차 산업혁명이었던 전기에너지 기반의 대량생산과 자동화기기, 20세기 후반 3차 산업혁명이었던 컴퓨터와 인터넷 기반의 지식정보 혁명은 우리에게 환경오염, 지구 온난화, 대량실업으로 어두운 그림자를 드리웠으며, 신자유주의 시장과 디지털로 연결된 금융은 2018년 미국의 금융위기인 서브프라임 모기지 사태를 통해 연쇄적 금융 위기의 발발로 디지털로 연결된 세계 금융은 얼마나 취약한지를 여실히 보여주었던 사건이었다.

4차 산업혁명은 기존의 산업혁명과 달리 보다 근본적으로 우리의 삶과 인식의 변화를 요구하고 있다. 인간의 지식을 입력(역할) 할 필요가 없는 스스로 학습하는 인공지능(Alphgo-Zero)은 '우리의 역할은 무엇이며, 우리는 누구인가?'에 대한 근본적인 물음을 던졌다. 이처럼 인공지능(AI)과 자동화 로봇이 대체할 수 없는 '인간다운 가치'가 무엇인지, 고정된 안정된 '직장'에서 업무에 따라 변하는 '

'직업'을 물품을 '생산'하는 업무에서 인간을 위한 '가치'를 창출하는 노동을 요구하고 있다.

제2차 정보혁명 시대로 불리는 제4차 산업혁명은 국가산업의 흥망을 결정하는 중요한 변환의 시작점이다. 4차 산업의 주도국인 독일의 경우 지능화, 자동화, 대량생산시스템으로 인간의 역할이 감소, 스마트 노동의 필요성에 따라 급변하는 산업혁명에 맞춘 노동에 대한 변화와 대응방안을 '일자리 4.0(Arbeit 4.0)'로 추진하고 있다. 이는 4차 산업혁명의 기술적 문제에 대한 인문적, 법제도적 측면을 고려하여 추진하고 있는 것이다.

이전의 우리 산업 노동환경은 음악에 비유하자면 일종의 '클래식 음악(Classic Music)'에 가까웠다. 즉 정확한 음과 정해진 악기로 소리를 만들어내면 되는 시대였다면 4차 산업혁명은 빠른 변화에 따른 산업 환경과 노동의 변화에 맞춘 '째즈 음악(Jazz Music)'과 유사하다. 째즈 음악은 정해진 악보 없이 상황과 관객에 맞추어 즉흥적으로 음을 만들어 간다. 이처럼 4차 산업혁명이 가져올 변화를 정확히 인식하고, 그러한 산업적 변화에 따른 부정적 요소를 최소화하면서 변화의 동인을 최대한 활용해야 할 것이다. 째즈 음악과 같이 급격하게 변하는 사회. 경제, 산업에 유연하게 대처하는 지혜가 요구되고 있다.

자동화 공장(smart factory)으로 3차 산업의 주요 노동 계층이었던 블루칼라 계층이 4차 산업혁명 시 가장 빠르게 일자리가 소멸할 것으로 예상하고 있다. 인공지능(AI)로 이제는 화이트칼라 계층까지 위협에 놓여있다. 이러한 변화에 국가 및 정부는 위기의식을 가지고 국가적 차원의 제도 및 정책을 제시해야 할 것이다. 차량공유서비스 반대로 4명의 택시기사 분신 사망은 18세기 1차 산업 혁명 때 일어난 '러다이트 운동(Luddie movement)'이 21세기 한국에서 재현되고 있음을 경고하고 있다. 이러한 경고를 우리는 귀 담아 들어야 할 것이다.

II 조화로운 변화의 두 번째-지역이다.
문화와 정보의 만남, 문화정보화로 국민과 지역을 행복하게 합니다.

 문화 데이터를 21세기의 원유라고 말한다

데이터의 수집, 분석, 가공을 통해 전 국민이 문화를 어떻게, 얼마나 소비하는지 문화 정보 분석 활용이 가능하고, 이를 통해 과학행정 구현을 가능하게 만드는데 힘쓰고 있다. 지역의 문화현장에서 축적되고 있는 데이터를 빅데이터 분석 기법을 통해 지역의 특색에 맞는 맞춤형 문화 정보 서비스, 문화정책을 수립하는 데 활용할 수 있을 뿐 아니라, 지역의 상권분석 및 창업을 위한 기초자료로 활용하여 정보의 생산성 및 활용도를 제고하여 공공디자인 영역에서도 활용될 수 있을 것이다.

 또, 공간이라는 것은 여러 사람들이 어우러져 만들어내는 하나의 문화유산으로 문화 빅데이터를 기반으로 공공디자인을 접목해서 '문화도시'를 만들자고 제안한다.

 연당리! 고구마 밭을 삶의 터전으로 다섯 가구가 옹기종기 모여 살던 가난했던 유년시절 당시 고구마도 실컷 먹지 못해 지금도 고구마를 좋아한다.

세계 최고(最古)의 금속활자 직지의 유적지인 홍덕사 인근 청주시 운천동에서 나고 자란 나는 다섯 가구가 모여 살며 세대 간의 모든 커뮤니케이션이 이루어졌던 동네마당을 그리워했다.

나는 도시행정 분야로 도시 관리 연구와 사회적 경제에 관련한 연구로 석·박사학위를 받았으며 오늘날 국가경제와 지역정부에 대해 고민하고 있는 경제학 기반의 도시행정 전문가이다.

마을 만들기 사업에 마을은 있지만 사람은 없더라!

마을 만들기 등 수 많은 개발사업들을 예를 들며 도시정책의 최종 목표는 행복이라고 보는데 많은 개발사업들은 근본적인 목표 가치를 이행하지 못하는 도시공간에 대해 아쉬움을 토로하고 싶다.
"도시공간에 사랑이 녹아들어야 합니다! 사람을 위한 그런 공간을 만들어야 합니다!"
유년시절 동네마당을 그리워하며 사무실 창밖 풍경을 말없이 바라보다가 단호하게 말했다.

지역커뮤니티를 활용한 지역문화 부흥 필요

문화산업은 창의력과 상상력을 가진 창조적인 사람들이 모여 들도록 해야만 성공할 수 있는 분야이다. 이러한 문화산업을 지역에서 특화시키기 위해서는 문화유산형, 문화 개발형, 그리고 전통·현대 혼합형 등의 도시 유형을 설정하고, 각 지역의 특색에 맞는 전략을 수립해야 할 것이다.

먼저, 문화유산형 도시는 전통이미지 강화와 유적보존을 통한 문화유산 산업을 활성화한 사례로 경주 등이 대표적이라고 할 수 있다. 다음으로, 문화 개발형 도시는 도시문화자원의 상품화를 통해 첨단 문화산업을 유치하고, 문화자원의 이벤트화를 활성화한 사례로 춘천을 꼽을 수 있을 것이다. 마지막으로, 전통과 현대 혼합형의 문화 도시는 전통이미지 강화 및 전통문화의 현대화를 추진하는 도시로 전주를 예로 들 수 있다.

아울러 지역에 맞는 문화진흥을 위해서는 다양한 정책적 지원이 뒷받침과 함께, 지역에서 문화진흥을 위한 커뮤니티의 활성화가 필요하다. 이는 단지 문화벨트를 만들거나, 문화의 거리, 관광특구를 만드는 단순한 기존사례를 답습하는 것이 아니라 도시 재생과 부활에 있어서 커뮤니티가 중심이 되는 살아 숨 쉬는 소통의 장을 만드는 것이 중요하다고 할 것이다.

1980년대 흑인이 많은 도시인 미국 필라델피아에서는 높은 10대 범죄율과 스프레이 그래피티로 인해 많은 문제점이 나타나고 있었다. 하지만, 윌슨 굿 시장과 벽화가 제인 골든이 재소자인 청소년들에게 예술의 역사와 벽화의 기술을 가르치고, 낡은 빌딩을 예술의 장소로 탈바꿈시키면서 세계의 벽화수도라는 별칭을 얻었다.
특히, 퇴역군인이 아티스트로 참여하고, 청소년과 함께 벽화의 일부를 완성하는 등의 협동 방식으로 다양한 구성원의 참여를 이끌고 교육의 장을 형성하고 있다.

우리나라의 경우에도 2007년 통영시청, 통영교육청, 통영 시민단체, 통영지역주민 등이 참여해 18개 팀이 낡은 담벼락에 벽화를 그린 것을 시작으로 관광객들이 모여들었고, 관광객들의 발길이 끊이지 않는 통영의 새로운 명소로 변모하였다. 매년 10월이 되면 벽화축제 참가자들과 마을주민, 관광객들이 함께 벽화를 새로이 단장하는 등의 지역단위의 커뮤니티가 지역경제를 활성화시키는데 일조를 하고 있다.

현재 문재인 정부에서는 뉴타운 사업처럼 대규모 개발을 중심으로 하기보다는 사람중심의 소규모 개발에 집중하기 위해 매년 재정과 기금, 공기업 투자 등을 통해 10조원씩 50조원을 투자할 계획이다. 국민들이 납부한 세금을 통해서 낙후된 지역을 활성화하겠다는 취지는 어느 정도 공감이 되나, 이런 투자와 같은 하드웨어가 아닌 지역 커뮤니티를 활성화시키는 등의 소프트웨어 정책이 포함돼야 할 것이다.

결국 주민들이 스스로 참여할 수 있는 자발성, 자주성, 자율성을 확보하고, 다양한 문화관련 교육 및 지원으로 관주도가 아닌 주민 주도의 커뮤니티 복원과 활성화가 이루어질 때, 지역의 활성화는 앞당겨질 수 있을 것이다. 이를 위해서 중앙정부나 지방정부는 지역의 특성을 간직하고 변화를 가져다 줄 수 있는 지역문화 커뮤니티가 활성화될 수 있도록 정책적, 제도적 지원을 하는 노력을 기울여야 할 것이다.

5G 시대 지역문화진흥의 발전전략

 2014년 1월 28일 '지역문화진흥법'이 제정·공포되면서 '서울'을 중심으로 편향되어 발전되었던 한계를 극복하고, 지역문화진흥을 통하여 지역주민의 삶의 질을 높이고 지역발전을 이루기 위한 법·제도적인 발판을 마련되었다. 그렇지만, '지역문화진흥법'의 시행에도 불구하고 상당수의 지자체들이 법정계획인 '지역문화진흥 시행계획'을 수립하지 않거나, 형식적인 시행계획을 수립하고 운영하였다. 이같이 지역문화진흥을 위한 법이 유명무실하게 된 것은 법적 강제성이 없으며, 특별한 불이익도 없기 때문이다. 이로 인해 시행계획 수립에 문체부와 다수의 지방정부 등은 미온적인 태도를 보이고 있다고 볼 수 있다. 또한, 각 지자체가 어떻게 생활문화시설 지원정책을 추진하고 있는지에 대한 현황을 체계적으로 파악하기 어려워서 지역문화진흥 정책이 성공적으로 추진되지 못했다.

 2018년 충남연구원의 지역생활 문화 활동에 대한 애로사항 조사에서 '비용이 많이 든다.'와 함께 '생활문화에 대한 정보가 부족하다'가 높게 나타났다. 뒤를 이어 '생활프로그램이 부족하다'와 '시설·장비 등이 불편하다'라는 의견도 높게 나타나는 등의 지역 생활 문화진흥을 위해서는 프로그램의 홍보와 정보제공이 중요하다는 것을 증명하였다.

이와 같은 지역문화진흥 현안을 해결하기 위해서 충남연구원은 가칭 「충청남도 생활문화 정책협력네트워크」 구축을 통하여 지역문화에 대한 정보제공을 확대하고, 지역문화 진흥사업의 성과를 적극적으로 공유 · 확산하는 전략을 수립하는 것을 제안하였다. 과거의 개별적인 사업이나 시설 확충의 관점에서 패러다임이 변화되었다고 할 수 있다.

우리는 시속 100km로 달리는 차량을 운전자가 아닌 클라우드 컴퓨팅을 통해서 통제할 수 있는 5G시대에 살고 있다. 이러한 ICT 기술의 발전은 그동안의 시공간의 제약으로 인해서 지역의 문화진흥 및 생활문화 향유를 위한 걸림돌을 제거할 수 있는 환경이 만들어졌다. 시골마을에 앉아서 5G기술을 활용하여 현장보다 더 생동감 있게 스포츠 경기나 지구 반대편의 문화 예술 공연을 실시간으로 관람할 수 있게 되었다. 그렇지만, 이러한 기회들은 여전히 고비용과 시설 및 장비 등이 필요함과 동시에 이를 운영할 수 있는 인력들도 필요할 것이다. 따라서 이 같은 사업을 성공적으로 추진하기 위해서는 지역에 일률적인 지원체계를 갖춘 중앙정부보다는 지역의 특색과 문화를 잘 알고 있는 지방정부의 역할이 더욱 중요하다고 할 것이다. 하지만, 이러한 지원체계를 과거처럼 단순히 법제도와 시설을 확충하는 측면에서만 바라본다면 지역 주민들이 느끼는 생활문화 체감은 여전히 개선되지 않을 가능성이 클 것이다.

우리의 삶에 혁신적인 전환을 가져오는 5G 시대에 걸 맞는 지역 생활문화와 관련된 인재와 지역 커뮤니티를 적극적으로 이용하는 지방정부의 정책이 수립되어야 한다. 이를 위해서는 지역의 문화 인력들이 활발하게 활동할 수 있도록 다양한 생활문화 플랫폼을 구축하고, 지역의 다양한 문화 활동이 이루어질 수 있는 여건을 마련해줘야 할 것이다. 또한, 최첨단 ICT기술을 활용할 수 있는 민간 부문과의 협업을 통하여 서로 윈-윈 할 수 있는 전략의 수립이 필요하다고 할 것이다.

길거리 문화가 지역문화를 만든다.

    얼마 전, 헝가리 부다페스트에서 안타까운 사고가 있었지만, 많은 시민들이 해외여행, 특히 유럽으로 가는 경우가 많이 있다. 해외를 여행하면서 가장 부러워하는 것 중의 하나가 걸으면서 버스킹 같은 다양한 거리문화를 보고 느낄 수 있다는 것이다. 하지만, 우리의 경우에는 특별한 이벤트(축제나 페스티벌)가 있을 때, 거리 공연이 많이 이뤄지는 편이다.

    버스킹(Busking)은 1860년대 영국에서 시작된 것으로, 사전적 의미는 '공연하다'라는 뜻의 '버스크(Busk)'에서 유래했다. 버스킹을 하는 사람은 버스커(Busker)라 하고, 이들 버스커가 공연을 하면 거리를 지나는 시민들이 자발적으로 일정 금액을 기부하는 것이 일반적이다. 버스킹은 이처럼 오래 전부터 있었던 활동으로, 지금처럼 녹음과 전파 기술이 발전하기 전까지 오랜 기간 거리는 음악가들의 데뷔 장소로 활용되었고, 현재도 많은 예술가들이 거리에서 자신을 알리고 관객과 소통하기 위한 수단으로 버스킹을 활용하고 있다. 혹은 자신의 철학을 알리기 위한 퍼포먼스로 버스킹을 택하는 예술가들도 있는데, 장소로는 공원과 거리, 광장, 지하철 등이 있다.

 이러한 버스킹에는 음악 공연 이외에도 인형극, 연극, 미술, 코미디, 댄스, 서커스, 저글링, 행위예술 등 다양한 종류가 있다. 때로는 연주가가 음악과 함께 군중 앞에서 짧은 공연을 진행한다. 유럽과 북미 지역에서는 번화가에서 버스킹을 흔하게 볼 수 있는데, 유명한 관광 도시인 파리나 더블린 등이 버스킹으로 유명하다. 우리나라에서는 서울 대학로와 홍대 주변이 버스킹으로 유명하여 서울을 대표하는 지역문화를 견인하고 있다. 이처럼 유명 관광지나 문화적으로 핫한 장소들의 공통점은 버스킹이 이뤄지는 곳이다.

 청주시는 도시재생 사업을 진행하면서 '젊음을 공유하는 길, 경제를 공유하는 길'이란 컨셉으로 길거리 버스킹을 비롯한 문화거리 조성사업을 시작하였다. 문화거리 조성 사업을 통해 "전통과 문화가 어우러지는 청주형 도시재생의 가치를 만들겠다."고 공표를 했는데, 무분별한 길거리 버스킹 공연으로 인해 소음과 주민 생활을 방해하는 경우도 있을 수 있다. 하지만, 체계적인 관리와 지원이 이뤄진다면 청주시의 명물거리 조성과 도시재생 사업에 큰 도움이 될 수 있다.

 청주시에는 이미 성안길 같은 널리 알려진 길거리 버스킹 명소가 있고, 이곳은 플리마켓을 통한 다양한 문화적 교류가 이뤄지고 있다. 청주시가 지역의 특성을 내포한 지역문화 거리를 조성을 위한 도시 재생 사업을 시작하지만, 우려가 된다. 지역문화는 그 지역이 가진 다양한 문화적 자원들의 융합이 자연스럽게 이뤄질 때 진정한 의미를 가지게 된다. 즉 도시재생이라는 인위적인 사업이 아니라 버스킹처럼 일상생활에서 자연스럽게 나타날 때 그 가치가 있다.

청주시는 오랜 역사와 문화자원을 가지고 있고, 이들 자원이 현대적인 생활문화와 함께 어우러진다면 그 효과가 클 것이다. 지역의 문화적 다양성을 담아낼 수 있는 장소를 제공하는 길거리 문화 기반 구축이 될 때 지역의 문화가 자연스럽게 만들어 질 수 있다. 청주만의 지역문화는 길거리 버스킹에서 시작할 수 있도록 지원과 관심이 필요하지 않을까 생각한다.

이제는 데이터도 지자체 품으로

　4차 산업혁명의 원유이자 핵심적인 동인인 데이터는 매일 동영상 약 19억 개 이상이 생성되고 있으며, 2020년까지 지구상의 모든 사람에게 초당 1.7MB의 데이터가 생성될 것이라고 한다('Data Never Sleeps' 보고서, 20172018). 이렇게 많이 쌓이고 있는 데이터를 어떻게 활용해서 적용하는 가는 기업의 생존과 국가의 경쟁력을 좌우하는 핵심적인 역량이 되고 있다. 이러한 흐름을 일찍 파악한 알리바바 마윈 회장은 정보기술(IT)의 시대에서 데이터기술(DT)의 시대로 가고 있다고 이야기하면서 데이터기술의 중요성을 강조했다. 이러한 데이터기술을 통해 다양한 데이터를 가공 분석해 기업의 경영 및 국가 정책에 활용되는 '데이터 경제(Data Economy)'로 세상이 변화되고 있다.

　디지털 리얼리티(Digital Reality)의 2018년도 보고서를 보면, G7의 데이터 가치는 캐나다, 한국, 러시아보다 앞선 세계 10번째 큰 경제 규모를 나타낸다고 한다. 또한 유럽연합 집행위원회(European Commission)의 2017년도 보고서에 따르면, 유럽의 데이터 경제 가치는

2016년 약 382조원에서 2020년 약 943조원 규모로 증가할 것으로 전망하고 있다. 국내의 경우, '2018년 데이터산업현황조사'에 따르면, 2018년 데이터산업의 시장규모는 15조 1,545억 원으로 전년도에 비해 5.6% 성장한 것으로 예측되고 있다.

 이렇듯 커다란 데이터 관련 시장을 선점하기 위해 해외 기업들은 발빠르게 데이터 기업으로의 전환을 추진했었다. 구글의 경우, 검색엔진을 통해 아마존은 소비자 데이터를 분석해 맞춤형 추천으로 매출을 극대화하고 있다. 국내의 경우, ICT 관련 기업뿐만 아니라 포스코, 하나 금융그룹, 코스콤 등 비 ICT 기업도 데이터를 적극적으로 활용하는 데이터 기업으로의 청사진을 가지고 지속적으로 변화하고 있다.

 요즘은 인공지능(AI)이 대세다. 이러한 인공지능을 활용한 서비스를 개발하려면 대량의 데이터를 활용해야만 좋은 서비스가 개발될 수 있다. 하지만, 개인정보보호법, 정보통신망법, 신용정보법 등 데이터 경제 3법의 테두리 안에서는 개인의 정보를 활용하는 데 한계가 있다. 이에, 정부는 데이터에 대한 규제를 혁신하고 개인정보보호에 대한 거버넌스 체계를 정비하는 등의 내용을 담은 법률안을 발의했다. 하지만, 시민사회단체는 기업이 개인정보를 판매할 수도 있고, 개인정보보호위원회의 위상이 강하지도 중립적이지도 않다고 비판하고 있다. 또한 기업 입장에서는 법률을 위반했을 경우, 많은 과징금 부과에 대해 불만을 표출하고 있다.

데이터 경제 시대, 대한민국의 디지털 경쟁력은 스위스 국제 경영개발대학원(IMD)에 따르면 14위이지만, 빅데이터 분석과 활용 능력은 31위(중국 12위)에 머무르고 있다. 대한민국은 수많은 데이터를 기반으로 다양한 서비스를 개발할 수 있는 기회를 놓쳐서는 안 될 것이다. 따라서 데이터 개방도 중요하지만, 이제는 활용으로의 전환이 필요하다고 본다. 수집된 데이터를 제대로 사용할 수 있는 대대적인 밑받침이 마련되어야만 기업이 편하게 새로운 서비스를 개발할 수 있을 것이다. 즉, 활용 가능성을 저해하는 요소는 철폐하되 개인정보의 오남용에 대해서는 징벌적 규제를 하는 게 바람직해 보인다. 또한 공공부문의 데이터 생산의 주체 중의 하나인 지방정부가 중앙정부와 동등하게 데이터 이용 권리를 가질 수 있어야 한다. 지방정부가 중앙정부의 위임사무를 수행하는 기관으로서가 아니라, 위임사무의 결과에 의해 생산된 데이터에 대해 중앙정부와 함께 지방정부도 정보 주권을 인정해주는 것이 필요하다. 이렇게 될 경우, 지방정부는 지역 맞춤형 정책을 만들어 내고, 그 결과로 만들어진 데이터는 지역에 기반을 둔 기업들에 의해 활용이 촉진될 수 있을 것이다. 마지막으로, 앞서 제시한 내용들이 제대로 작동하기 위해서는 중앙과 지방정부, 민간부문 간 데이터 경제 시대에 맞는 거버넌스 체계를 구축하는 것이 필요하다. 거버넌스를 통해 서로 간에 해야 할 역할과 책임이 무엇인지 명확할 것이고, 이를 통해 협력도 원활히 이루어질 것으로 본다.

III 조화로운 변화의 세 번째-정책이다.
|
문화강국을 향한 첫 걸음,
문화예술 부문 예산 2.0% 실현

2019년은 3 · 1운동 100주년과 대한민국 임시정부 수립 100주년이다. 임시정부 주석이셨던 백범 김구선생은 '홍익인간의 정신에 기반한 문화강국'을 우리나라의 비전으로 제시하였다. 김구 선생의 이러한 비전은 방탄소년단(BTS)이 빌보드 소셜 100에서 50주 1위를 차지하고, 우리나라의 먹거리 관련 회사들 매출의 해외 판매 비중이 50%를 넘는 등 현재 진행 중이다. 이러한 K-팝, K-뷰티, K-푸드, K-콘텐츠 등 우리나라의 다양한 문화가 해외에서 인기를 얻으면서 한류를 지속적으로 견인하는 역할을 수행하고 있다. 또한, 헐리우드 영화를 미국보다 먼저 한국에서 개봉하는 등의 글로벌 문화가 한국으로 들어와 새로운 문화적 가치를 창출하는 등 김구 선생의 바람대로 우리나라가 문화국가로 거듭나고 있음을 알 수 있다.

그렇지만 한국문화의 외적인 성장에도 불구하고 한국의 문화예술 분야는 다양한 어려운 환경을 극복해야 한다. 지난해 12월 8일 국회는 2018년보다 40조원이 늘어난 469조5천752억 원의 2019년 정부예산안을 통과시켰다.

문화체육관광분야의 예산은 2018년 6조5천억 원에서 12.2%로 증가한 7조 2천억 원으로 12개 분야에서 가장 높은 증가율을 나타냈음에도 불구하고, 전체 예산 규모에서 문화체육관광이 차지하는 비중은 여전히 1.4%로 매우 낮은 편이며, 서울시의 경우에도 전체 예산 35조7천843억 원 중에 1.52%인 5천442억 원을 문화예술 예산으로 편성했다.

정부예산이 획기적으로 늘지 않는 상황에서 민간의 후원이 절대적으로 필요한 상황이지만 이마저도 쉽지 않은 상황이다. 청탁금지법 시행 및 '미르, K-스포츠재단' 사태를 거치면서 기업들의 문화예술에 대한 후원도 2017년 6년 만에 감소하는 등의 민간의 투자도 줄고 있다. 또한, 지역의 문화예술 분야는 문재인 정부가 지방분권과 지역균형발전을 정책을 추진함에도 불구하고, 수도권과 지방간 문화격차는 개선되기보다 점점 더 고착화되고 있는 실정이다. 일례로 한 해에 500억 원의 예산이 투입되는 5개 국립예술단은 전체 공연행사 중 82%를 서울과 수도권 중심으로 진행했다.
그리고, 예술인복지재단의 조사결과, 2018년에 신고 된 불공정신고 656건 가운데 임금체불이 517건으로 대부분(78.8%)을 차지하여 문화예술에 대한 창작환경이 전혀 개선되고 있지 않음을 나타내고 있다. 아마도 정확한 통계치는 제시되지 않았지만, 문화예술분야의 임금체불은 수도권보다 지방의 경우에 더욱 심각할 것으로 생각된다.

글로벌 경쟁 시대에 한류가 확대되고 있지만, 그 기반이 되는 지역 문화예술에 대한 중앙·지방정부의 관심과 지원은 아직 부족한 것이 현실임을 문화예술 분야 예산을 통해 알 수 있다. 따라서 어려운 환경

'탓을 하기 보다는 김구 선생께서 주창하신 문화국가로 발돋움하기 위해서 뿐만 아니라 지역을 발전과 성장을 위한 기반을 마련하고 지역의 정체성을 확립하기 위한 동력으로 지역의 문화예술에 대한 관심과 발전 전략이 필요하다.

'https 논란'에 시민들 분노하는 진짜 이유 모르나

인터넷의 개방 확대가 미래지향적이고 가치 지향적이다.

얼마 전, 방송통신위원회가 보안 접속(https) 또는 우회 접속 관련 차단 기능 고도화 정책을 발표하면서 해외 인터넷 사이트에 대한 접속 차단 기능을 고도화하고, 895건의 불법 해외사이트 차단하는 결정을 내렸다.

불법도박, 불법음란물에 대한 사회적인 피해와 부작용이 커지고 있는 상황에서 방통위는 법 위반 해외사업자에 대한 법 집행력 확보 및 이용자의 피해구제의 한계를 극복하기 위한 조치였다고 항변하고 있다.

하지만, 국민들은 'https' 차단 정책에 대한 반대 의견으로 청와대에 국민청원이 올렸고, 이에 대해 방송통신위원회 위원장은 정책 결정 과정에서 국민들이 공감할 수 있도록 소통하는 노력이 부족했다고 사과했지만, 아직도 인터넷 공간에서 논란은 가라앉지 않고 있는 상황이다.

1450년경 구텐베르크 성서의 의미로 알 수 있듯이 사회는 기존 질서가 구축한 정보통제의 규제와 틀을 뚫어내는 고단한 투쟁을 통해서 발전해 올 수 있었다. 인터넷 정보는 곧 언론이고 여론이고, 심지어 집단적 지성이기도 한 세상이다.

지금은 모든 정보가 인터넷을 통해 유통되는 디지털전환(4차산업혁명)의 시대다. 스마트기술(ICBM etc)에 기반 하여 산업, 행정 및 문화 등 사회 전체가 혁신으로 전환되는 시대다. 행정부처에서 인터넷을 언제든지 규제할 수 있다는 선례를 남겨서 너무 가슴 아프다. 다시는 이러한 시도가 없어야 할 것이다. 막는다고 기술적으로 완벽히 막을 수도 없고, 미래 지향적이도 않고, 가치 지향적이지도 않다.

인터넷 통제, 검열 사태로 번진 이유...국민감정 이해해야

우리나라는 군사정권 시절에 보도통제를 통하여 세부지침까지 세워 어떠한 기사도 검열 전에는 보도될 수 없었던 시기가 있었다. 촛불혁명에 의해 박근혜 대통령의 탄핵이 결정되었던 시점인 2017년 3월에 기무사령부가 작성한 계엄령 발표문건에서 계엄 선포와 동시에 언론, 출판, 공연 전시물에 대한 사전검열과 포털·소셜 미디어(SNS)를 차단하여 유언비어를 통제하는 내용이 추가된 것으로 알려지면서 국민들은 또다시 분노하였다.
우리나라의 '촛불혁명'은 얼마 전 프랑스의 '노란 조끼' 시위와 종종 비교되곤 한다. 촛불혁명과 노란조끼 시위는 최고 권력자의 오만과 불통에서 출발하였던 점에서 비슷한 것 같지만, 질서유지와 비폭력에 의한 '촛불혁명'은 아마 세계사에 길이 남을만한 세계적 사건이라고 할 수 있다.

국민들은 IT기술을 적극적으로 활용하여 단순 시위에 그칠 수 있었던 촛불을 혁명으로 승화시켰기에 이번 사태에 대해서 더욱 배신감을 느꼈으리라 생각된다. 단순히 국민들은 문재인 정부에서 개인의 정보를 검열당한다고 생각하는 것이 아니라, 이러한 정책이 유지될 경우 차기 혹은 차 차기 정권에서 마음만 먹으면 개인의 정보를 감찰하고, 정권에 적대적인 사이트를 폐쇄할 수 있을 길을 열어준 것에 대한 반대일 것이다.

국민의 믿음으로 탄생한 정권, 국민들과 인터넷의 자정 능력을 신뢰해야

인터넷의 발전은 그동안의 간접민주주의 형태를 직접민주주의 형태로 변화시킬 가능성을 보여주며, 다양한 정보가 공유·확산되는데 기여하였다. 또한, 이러한 정보의 공유를 통해 새로운 민주주의 체제가 가능하다는 것을 보여줬던 것이 바로 촛불혁명이다.

이번 방통위 조치가 국민들과 우리나라의 대표적인 경제 분야인 IT 분야에 대해 잘못된 신호를 주는 것이 되어서는 안 될 것이다. 국민들이 자유스럽게 인터넷을 통해 정보를 생산, 공유할 수 있고, IT산업이 4차 산업혁명 시대에 한국 경제 성장의 뒷받침이 되도록 지켜줘야 할 것이다.

국민의 많은 지지 속에 탄생한 문재인 정부는 이제 다시 국민의 신뢰를
얻기 위해 국민의 높은 의식 수준과 인터넷의 자정 능력에 대해서
거꾸로 신뢰를 보여줘야 할 것이다.

데이터 기반의 과학적 문화관광정책으로 전환해야

2014년 행정안전부 통계에 따르면, 문화관광 축제 중 2일 이상 개최되는 축제가 연간 800개가 넘고, 전국적으로 1만5천개의 크고 작은 축제와 행사가 대한민국에서 펼쳐진다. 충청지역도 예외가 아니어서, 청주시의 경우 '직지코리아 국제페스티벌', '청원생명축제' 등 8개의 축제와 행사가 있고, 충남 보령시의 경우 '보령머드축제', '김축제', '대천 겨울바다사랑축제' 등 1년에 13개의 축제가 개최되고 있다.

행정안전부의 지방재정 365에 따르면 2017년 기준으로 전국의 행사와 축제에 4천372억 원의 예산을 투입해 818억 원의 수익을 거둔 것으로 나타났다. 특히, 우리나라의 경우 일본 등과 달리 95% 이상이 국가나 지방자치단체의 예산을 사용해 개최되고 있으며, 그 규모도 과거보다 커지고 있는 것이 현실이다. 이는 지역 간 축제 개최 경쟁이 벌어지면서 지난해보다 축제에 관광객이 더 많이 방문했다는 보도 자료를 기사화한 신문 기사를 많이 보게 되지만 현실은 완전히 다르다.

대표적인 예로써, '부산불꽃축제'의 경우 2017년 행사에서 127만 명의 인파가 몰린 것으로 발표하였으나, 빅 데이터 분석을 통한 관람객 수는 39만2천명으로, 안성시의 '안성맞춤남사당바우덕이 축제'의 경우 관광객이 54만 명이라고 발표하였으나, 휴대폰 빅데이터 분석 결과 5만6천명에 불과한 것으로 나타났다. 또한 대전광역시의 '효 문화 뿌리축제'의 경우 외국인 방문자수가 18만명에 달한다고 발표하였으나, 실제 현장을 찾은 총 방문자수가 2만5천명에 불과한 것으로 나타났다.

이처럼 지역 경제 활성화를 목적으로 한 지역 축제가 대규모화, 다양화되고 있음에도 불구하고, 축제장 입구마다 사람을 배치해 직접 관광객 수를 세고 있는 등 지역 축제나 행사들이 체계적이면서 과학적으로 운영되지 못하는 환경에서 문제의 원인이 있다고 할 수 있다. 즉, 그동안 지역의 문화관광 정책은 담당자나 책임자들이 경험과 직관에 의해 의사결정이 하는 구조로 현재의 급변하는 환경 변화에 대응하기 어려웠기 때문이라고 볼 수 있다. 이러한 문제를 해결하기 위해서는 과학적인 데이터를 활용한 증거 기반의 정책수립(EBP:Evidence-Based Policy)이 강조되고 있는데, 이는 정책 수립이나 의사결정 과정에서 기초가 되는 정보나 데이터의 수집·축적을 통해 정책결정의 명분이나 신속한 정책결정이 가능하도록 하며, 과학적인 결정과 집행 과정으로 발생할 수 있는 갈등 해결을 용이하게 한다는 장점이 있다.

우리나라는 세계 최고 수준의 ICT 선도국가이며, 세계 최초로 5G의 상용화로 인공지능(AI), 클라우드(Cloud), 사물인터넷(IoT), VR·AR

(가상현실 · 증강현실) 등 4차 산업혁명의 핵심기술을 손쉽게 구현할 수 있는 환경이 구축되고 있다. 이와 같은 ICT 신기술을 활용한 데이터 분석으로 지역의 문화 · 관광 축제나 행사에 대해 체계적인 현황 파악 및 대응전략 수립하는 것이 가능하다. 축제나 행사의 방문객 수와 방문객의 특성을 명확하게 파악하는 것이 축제나 행사의 시작이자 끝이라고 본다. 전국에 다양한 축제가 벌어지는 만큼 축제에 몇 명의 관광객이 방문했는지 제대로 파악하는 원년이 되길 바란다.

4차 산업혁명 시대에도
결국은 콘텐츠가 답이다

 현재 전 세계가 4차 산업혁명과 관련된 첨단 기술, 공유 경제 등을 기반으로 신성장 동력을 확보하기 위한 노력을 경주하고 있다. 4차 산업혁명은 인공지능, 빅데이터, 모바일 등의 첨단 정보통신기술이 융합하여 초연결(hyperconnectivity)과 초지능(superintelligence)을 특징으로 개인의 삶과 지역 경제 더 나아가 국가경제에 큰 영향을 미치고 있다.

 4차 산업혁명은 기업이 디지털과 물리적인 요소들을 통합해 비즈니스 모델을 변화하고 산업에 새로운 방향을 정립하는 디지털 전환이며, 이러한 전환을 통해서 나타나는 것은 O2O서비스, 공유경제, 크라우드 워커 등이 있다.

 O2O서비스는 온라인과 오프라인을 유기적으로 연결하여 고객에게 편리하고 가치 있는 서비스를 제공해주는 연계 서비스이며, 공유경제는 특정 자원의 공동 소비 혹은 자원 활용을 극대화하는 협력적 소비를 말한다. 크라우드 워커는 산업현장에서 필요에 따라 관련 있는

사람과 임시계약을 맺고 업무를 맡기는 경제 형태이다.

이러한 변화들의 기본은 최신 정보통신기술처럼 보일 수 있으나, 결국은 이런 서비스가 가능하도록 하는 콘텐츠가 핵심이라고 할 수 있다. 예를 들면, O2O서비스의 대표적인 사례인 음식배달서비스, 세탁배송 서비스 등인데, 이러한 서비스의 경쟁력은 결국 맛있는 음식, 잘 세탁된 세탁물이 핵심이다. 아무리 빨리 배달이 된다고 하더라도, 맛이 없는 음식은 다시 주문하지 않는 것이 소비자의 성향일 것이다.

4차 산업혁명에 대한 답도 마찬가지라고 생각한다. 4차 산업혁명을 이끌어낸 요인은 정보통신기술의 발전이지만, 이를 꽃피우는 것은 인공지능 기술이나 빅 데이터 기술이 아닌 이러한 기술들을 활용하기 위한 원천 데이터의 품질에 달려있다고 할 것이다. 우리의 삶을 가장 크게 바꿀 것으로 예상되는 '자율 주행차'의 경우에도 차량의 레이다, 라이다, 카메라의 성능도 중요하지만, 도로에서 발생할 수 있는 모든 경우의 수에 대한 데이터가 핵심일 것이다.

문화 분야에서도 4차 산업혁명이 화두로 떠오르면서 VR, AR, MR 등의 기술발전이 비약적으로 이루어지고 있다. 또한, 빅 데이터와 인공지능 기술을 활용하여 지금까지 사람들이 좋아하는 음악, 미술 분야의 트렌드를 바탕으로 새로운 곡을 만들고, 미술작품을 만들 수 있는 수준에 도달했다. 음악분야에서 구글은 '마젠타 프로젝트'를 통하여 새로운 피아노곡을 만들어내고, 미술 분야에서는 마이크로소프트가 공동 연구한 '넥스트 렘브란트'를 통하여 3D 프린터를 활용하여 렘브란트 특유의 화풍을 모방한 그림을 만들어냈다. 하지만, 이러한 음악과 미술 분야에서 인공지능이 새로운 작품을 만들기 위해서 '마젠타 프로젝트'에서는 악기 약 1천점과 곡 30만 편의 DB를 학습하였고, '넥스트 렘브란트'는 렘브란트 작품을 300점 이상 분석 하고 학습이 필요하였다.

원래 문화는 문화를 생산하는 창작자가 사물을 인지하고, 창의성을 발휘하여 콘텐츠를 생산하는 것이라 할 수 있다. 4차 산업혁명시대에 문화 분야에서 성공을 거두기 위해서는 정보통신기술의 적극적인 도입과 더불어 우리나라의 다양한 문화콘텐츠에 대한 핵심 데이터를 적극적으로 구축하는 노력이 필요할 것이다.

세계 최초 5G 아닌,
세계 최고 5G 기술 위에 가치를 더하자.

국내 통신 3사가 2019년 4월 3일 밤 11시에 세계최초로 5G 서비스를 시작했다. 5G의 특징은 초고속, 초저지연, 초연결성처럼 앞에 '초(超)'라는 글자로 시작한다. 그 만큼 기존 4G 서비스에 비해 월등히 앞선 품질의 서비스를 제공할 수 있다는 것으로 4G의 대를 잇는 업그레이드된 기술로서가 아니라 4차 산업혁명시대 핵심적인 역할을 수행하는 기술로 5G를 인식하는 게 우선 필요해 보인다.

5G 개통고객은 4월 중순 현재 15만 명이 넘은 것으로 알려졌으며, 상반기에 5G 가입자가 100만 명에 이를 것으로 예측되고 있다. 정부는 이러한 5G를 더욱 확대발전하기 위해 '5G+를 통한 혁신성장 실현'이라는 비전을 담고, 2026년에 5G+ 전략산업 생산 180조 달성을 목표로 하는 '5G+ 전략'을 발표해 관련 산업을 육성하려고 한다.

지금까지 우리나라는 세계 최초로 CDMA 상용화에 성공(1996년)했으며, 세계 최초로 초고속인터넷 상용화에 성공(1998년)했다.

아시아의 작은 나라에서 세계 최초로 기술을 서비스화해서 대한민국이라는 공간에서 펼쳐지는 모습은 정말 대단하다고 볼 수 있다. 이제 5G가 세계 최초 타이틀을 이어받았으며, 지속적인 기술개발이 진행될 것으로 보인다. 하지만, 이러한 기술 즉, 하드웨어적인 성공 뒤에 소프트웨어적인 뒷받침이 부족하다 보니, 세계최초라는 타이틀이 무색하게 유무선 인터넷에서 종횡무진하고 있는 곳은 우수한 콘텐츠를 기반으로 고객 맞춤형 서비스를 제공하는 구글, 아마존, 넷플릭스, 페이스북, 알리바바 등 대부분 해외 글로벌 기업이다.

5G는 이제 시작단계이다. 이제부터는 세계 최초라는 타이틀 보다는 세계 최고의 서비스를 제공하는 기업이 많이 나오는 곳이 대한민국이었으면 한다. 그렇다면 5G에 맞는 서비스는 어떤 게 있을까 고민하지 않을 수 없다. 즉, 5G를 통해 상상하는 미래는 어떤 모습일까? 이에 대한 궁금증은 '5G 서비스 로드맵 2022 (기술보고서)'을 통해 일부 해소가 될 수 있을 것 같다. 첫째, 몰입형(Immersive) 5G 서비스로 증강현실·가상현실(AR·VR) 서비스 및 고화질의 실감 콘텐츠를 실시간으로 볼 수 있는 '대용량 콘텐츠 스트리밍(Massive Contents Streaming)' 서비스를 들 수 있다. 둘째, 지능형(Intelligent) 5G 서비스로 지속적으로 개인의 건강상태, 심리 상태 등 라이프로그를 수집분석해서 힐링 서비스를 제공하는 '사용자 중심 컴퓨팅(User-Centric Computing)' 과 경기장, 쇼핑몰 등 특정장소에 많은 사람에게 서비스를 제공하는 '밀집 공간 서비스(Crowded Area Service)'를 들 수 있다. 하지만, 소비자 입장에서 이러한 시나리오 기반의 5G 서비스를 본다면 아직 그 가치가 명확해 보이지 않는다.

소비자의 선택과 구매에 어떤 점이 영향을 미치는지 알고자 할 때 대표적인 이론으로 소비가치 이론(Theory of Consumption Values)이 있다. 이 이론에서는 소비자가 특정 물건을 구매하게 되는 이유를 여러 가지 가치를 고려해서 설명하고 있다. 즉 내가 원하는 기능이나 성능을 제공해서, 타인과의 관계 또는 자신의 권위를 위해서, 즐거움이나 재미 등을 위해 물건을 구매하는 등 5가지 가치로 제품 구입에 대한 이유를 설명하고 있다. 따라서 5G 상에서는 좀 더 현장감 있는 서비스하는 것에 머무르지 말고, 앞서 말한 가치를 선사할 수 있는 방안에 대한 고민이 같이 있어야 할 것이다. 또한, 산업간 융복합화를 통해 새로운 서비스를 제공하는 경우에도 마찬가지이다. 즉, 자율주행자동차의 경우, 자동차 안에서 단순히 즐길 수 있는 엔터테인먼트 콘텐츠의 제공이 아닌, 운전자가 원하는 가치를 제공하는 서비스를 고민하는 게 필요하다.

'5G 서비스에 가치를 더하다'라는 이름하에 일반 국민들의 삶의 질 및 만족도가 개선되는데 도움이 될 수 있는 다양한 신규 서비스가 개발되었으면 하는 바람이다.

4차 산업혁명은 시대가 준 기회

　독일의 클라우스 슈밥(Klaus Schwab)이 의장으로 있는 2016년 세계 경제 포럼(World Economic Forum, WEF)에서 주창된 4차 산업 혁명은 정보통신기술(ICT)의 융합으로 이루어낸 혁명 시대를 말한다. 이후 한국을 비롯하여 전 세계 선진국을 중심으로 새로운 변혁에 대한 대응 방안을 마련하고 있다.

　한국의 경우, 2017년 10월 11일 대통령직속 '사람중심의 4차 산업 혁명위원회'를 출범하여 현재까지 총 13차 회의-의견안건을 제시하며 분주히 새로운 변화에 대응을 마련하고 있다.

　인류는 1차 증기기관, 2차 전기 · 내연기관, 3차 컴퓨터 · 인터넷을 걸쳐 4차 지능정보기술 혁명에 이르렀다. 1차~4차 산업혁명을 거 치면서 문화 · 사회 · 경제적 변화 또한 함께 일어났으며, 이러한 변화 를 어떻게 받아들였는지에 따라 국가의 운명을 가르는 결과를 낳았다, 4차 산업혁명의 거대한 변화 앞에서 우리는 어떻게 받아들여야 할까? 그 답은 역사적 결과를 통해 현재와 미래를 반추할 수 있을 것이다.

대표적인 사례로 19세기 말 일본의 메이지 유신(明治維新, 1868
~1889)과 중국의 양무운동(洋務運動, 1862~1895)을 살펴 볼 필요가
있다.

19세기 후반 중국은 서구 열강의 침략적인 아편전쟁(1840), 애로호
사건(1856~1860)을 계기로 서양의 군사적 위력을 깨닫고 부국과
강병을 내세우면서 서양을 모델로 하는 강력한 군사력과 각종 근대
산업을 일으켜 청나라 말기의 난국을 타개하고자 근대화 운동을
추진하게 된다.

그러나 양무운동의 한계는 서양의 산업과 기술만을 흡수하고 그들이
가진 봉건제도 기반의 신분제, 과거제, 정치체계, 법제도 등을 그대로
유지하고자 하였다.

결국 국가적 차원에서 근본적인 개혁 없이 기존 중화(中華)질서를
유지하면서 서양의 기술력과 군사중심의 근대화만 배우고자 했던
시도는 청불전쟁과 청일전쟁에서 참담한 결과로 실패하고 만다.

이와 반대로 일본의 경우는 서구 열강과 굴욕적인 통상조약을 체결 후
기존의 막번체제(幕藩體制)인 무사계급의 지배체제를 폐지하고, 중앙
집권체제, 신분제 폐지, 의무교육제도 실시 등 개혁에 따른 입헌 정
치제도를 수립한다.

이러한 변화는 정부의 서구 열강에 대한 위기의식과 긴장감을 내부 체제를 변화시킨 동력으로 삼았다는 것이다. 이로서 근대화를 이룬 일본은 메이지 유신 이후 151년간 부국과 강병을 이루게 된 배경이다.

4차 산업혁명의 핵심은 빅 데이터, 인공지능, 로봇, 사물인터넷, 3D 프린팅, 무인항공, 자율주행, 나노 기술과 같은 6대 분야를 필두로 새로운 혁신을 주도하고 있으며 그 변화는 너무나 빠르다. 이러한 변화에서 우리의 교육제도, 사회제도, 정치제도, 법제도는 어떤지 되돌아 볼 필요가 있다. 우리 미래를 이끌 한국의 청년들은 안정적인 공무원을 최고의 직장으로 여기고 있고, 기존의 체제에 대한 분노로 '헬조선', '금수저'라는 이름으로 표출하고 있다.

또한, 기존의 택시 운송은 제4차 산업혁명을 대표하는 자율주행 및 공유경제에 흔들리고 있다. 4차 산업혁명은 기존의 산업혁명과 달리 훨씬 파괴적이며, 빠르게 변화를 요구하고 있다. 4차 산업혁명은 시대가 준 기회이다. 우리가 무엇을 해야 하는지 자명하다.

문화빅데이터 플랫폼, 정책패러다임을 바꾼다.

2012년 세계경제포럼(다보스포럼)에서 떠오르는 10대 새로운 기술 중 그 첫 번째를 빅 데이터로 선정하면서 빅 데이터는 세상에 나왔다. 20세기에 석유가 최고의 자원이었다면, 21세기엔 데이터가 최고의 자원이다. 2018년 Digital Reality 보고서에 따르면, 데이터는 G7 국가에게 약 1,904조원(1조 7천억 달러) 이상의 가치를 부여하고, G7 의 데이터 가치는 캐나다, 한국, 러시아 보다 앞선 세계 10번째 큰 경제규모로 추산되고 있다. 이처럼 빅 데이터는 이미 정치, 사회, 경제, 문화, 과학 기술 등 전 영역에 걸쳐서 사회와 인류에게 가치 있는 정보를 제공할 수 있는 가능성을 제시하며, 그 중요성이 부각되고 있다.

인간의 행동은 다양한 형태로 나타난다. 인간은 자신에게 맞춰서 서비스가 제공되길 원한다. 민간 기업의 경우, SNS에 나타난 개인의 성향을 통해 원하는 상품, 문화예술 공연 등의 정보와 서비스를 제공하는 것이 일반화되어 가고 있다. 일례로 TV 드라마의 경우 시청자의 반응에 맞춰서 내용을 변화시키거나 제작 방향을 수시로 수정하여 관심을 유도한다. 또한 빅 데이터는 데이터 경제라는 신조어를 만들어 내고, 데이터가 활용될 때 새로운 경제적 부가가치를 만들어내는 원천이다.

이처럼 빅 데이터는 거의 모든 산업과 사회현상을 설명하는데 활용되고 있지만, 공공부문의 정책 과정에서는 아직까지 그 중요성에 비해 활용이 미흡하다. 연간 약 470조원이라는 엄청난 예산이 들어가는 정부 정책은 국민들의 정책에 대한 수요와 선호도를 반영하는 것이 아니라, 매월, 분기, 반기, 년 단위로 수집되는 공공 데이터에 기반 한 정책이 이루어진다. 이는 국민들이 무엇을 원하고 있는지에 대한 고민이 없이 행정편의적인 정책 결정에 따른 예산 집행이 이루어지는 것이다. 즉 정부의 정책은 데이터를 활용한 의제설정-정책 결정-집행-평가로 이어지는 정책과정이 필요하지만 아직까지는 우리 정부의 정책과정에서 빅데이터를 활용했다는 이야기는 듣기 어렵다.

문재인 정부는 이전의 정부보다 국민들의 삶의 질 향상은 물론 지역균형발전, 일자리 확충에 정책적인 관심을 기울이고 있다. 이 새로운 정책 패러다임의 변화에서 빅 데이터 활용 가능성이 가장 높은 것이 생활 SOC 정책인데, 이 정책의 결정은 정책결정자들의 경험과 기존 사례들을 바탕으로 정책이 결정되고 예산이 집행되면서 다양한 지역과 계층의 목소리는 담겨지지 않고 있다.

이처럼 현재의 정책 과정은 국민들이 원하는 시간에 필요한 서비스를 제공하는 국민 맞춤형 정책을 만들어 낼 수 없는 환경이다. 그나마 다행스러운 것은 2019년 과학기술정보통신부에서 이러한 문제를 인식하고, 지난 3월부터 빅 데이터 플랫폼 구축을 위한 사업을 추진하였다는 것이다. 이를 토대로 다양한 분야의 데이터를 수집하여 정부 정책결정에 반영하는 첫 걸음을 시작했다고 볼 수 있다. 5월 13일(월) 발표된 이 사업에서 문화관광이나 체육, 보건 등 국민들의 체감도가 높은 분야를 대상으로 선정된 것은 큰 변화의 시작이라고 할 수 있다. 이 빅 데이터 플랫폼 사업이 데이터 기반의 정책과 경제의 혁신 생태계를 조성하는 데 있어 주춧돌이 되고 기관과 기업 내부에만 갇혀있는 데이터가 봇물처럼 터져 다양한 분야에서 유통·활용될 때 정부 정책의 완성도가 높아질 수 있게 된다.

빅 데이터는 새로운 시대를 선도하는 지능형 ICT이면서 동시에 국민을 위한 정부정책의 완성도를 높여주고 다양한 시너지 효과를 낼 수 있는 마르지 않는 샘과 같다. 또한 빅 데이터는 다양한 목소리와 의견을 반영하여 실시간 모니터링이 가능한 새로운 형태의 집단지성이라 할 수 있을 것이다. 정보통신기술의 발달에 맞춰서 박제화 된 정책 결정과 집행의 패러다임도 변화가 필요한 때이다. 빅 데이터에 기반 하여 시대에 맞는 정책 패러다임의 변화를 통해 국민들의 정책 선호와 만족도에 부응하는 정책과정이 시작되어야 한다. 국민들의 문화예술, 체육, 보건 등 생활에 밀접하고 관심이 높은 이슈와 선호도를 실시간으로 모니터링 하여 정책 결정과 집행, 그리고 이에 대한 평가가 지속적으로 이루어질 수 있는 플랫폼 정부를 국민들은 원한다.

Ⅳ 조화로운 변화의 마지막-그래서 이현웅이다.
|
이현웅 한국문화정보원장 문화체육관광 빅 데이터 플랫폼 구축한다.

정보가 넘치는 시대다. 그러나 정작 필요한 정보를 찾으려고 하면 어떤 것이 제대로 된 정보인지 골라내기가 쉽지 않다. 나는 취임 후 4차 산업혁명 시대에 걸맞은 문화체육관광 빅데이터 플랫폼 구축을 위한 개발에도 박차를 가하고 있다. 또 현장을 돌아다니며 예술인들을 만나고 중소규모 문화생태계를 위해 문화N 티켓을 만드는 등 바쁜 일정을 소화하고 있다. 국민의 다양한 문화생활 지원과 문화생태계 조성을 위해 참신한 아이디어를 불어 넣고 있는 것이다.

한국문화정보원은 문화체육관광부 산하 문화정보화 전담기관이다. 사람과 문화, 그리고 정보를 연결하는 공공플랫폼과 사람 중심의 문화콘텐츠를 만들어 내는 것을 핵심가치로 내걸고 있다.
또 개인중심의 맞춤형 문화 정보 서비스와 소셜미디어를 통한 소통, 문화데이터 공공저작물, 문화정보화기획, 정책연구, 문화정보 자원관리 등을 해나가고 있다.

한국문화정보원이 커버하고 있는 문화데이터의 종류와 규모

문화데이터의 종류는 아주 다양하다. 가령, 가 지역 에서 열리는 축제라든가 행사, 공연, 전시, 문화재, 관광, 도서, 체육 등을 들 수 있다. 주로 한국적인 것들을 모아 데이터화하는 것인데 박물관이나 미술관에 있는 우리 전통의 자료들을 3D로 촬영한 다음에 해설 기능을 넣어서 디지털화 하고 있다. 취임하고 보니 우리 원에서 구축하고 있는 데이터들은 정보로 활용하기에는 시대 동떨어진 자료가 대부분이었다. 우리 원에서 해야 하는 역할에 대해서도 정확하게 이해하지 못하고 있는 것 같아 전체의 의식변화를 가져오기 위해 노력했고 많은 변화도 있었다.

우리가 데이터를 수집하려면 명확한 목적이 있어야 한다. 정보를 소비하는 사람들이 어떤 걸 원하고 요구하는지 니즈를 반영한 데이터를 만들어야 할 것이다. 그래야 콘텐츠로서 활용도가 생기고 통계도 가능해진다. 현재 우리 원은 데이터 수집 연계체계와 개방형 문화 데이터 플랫폼 구현을 위한 검색 서비스 외 지능형 문화 정보 구축에 노력을 기울이고 있다. 더 나아가 데이터 기반의 의사결정 지원체계 구축을 위한 빅데이터 발굴 및 가공을 위한 빅데이터 플랫폼 구축사업도 추진하고 있다. 올해 안으로 빅데이터 플랫폼구축 및 다양한 데이터가 발굴돼 약 570종의 데이터가 개방될 예정에 있다.

문화데이터 중 민간 활용 정도

사례를 조사하기 위해 2015년부터 매 년 문화데이터 활용 사례집을 발간하고 있다. 마지막으로 발간된 2018년 문화데이터 활용 사례집 기준으로 총 195개 기업이 문화데이터를 활용하는 중이며, 관광분야의 민간 기업이 많은 부분을 차지하고 있다.

현재 우리기관에서는 전통 의류, 전통건축물과 같은 우리만의 고유 전통 문양으로 원형을 만들어서 산업분야에서 사용 할 수 있도록 일러스트파일이나 JPG파일을 만들고 여기에 새로운 디자인을 넣어 벤처 창업자들이 무료로 사용할 수 있도록 개방하고 있다. 내년부터는 한국적인 캐릭터(도깨비, 호랑이, 닭 등)를 소재로 하는 신사업 모델을 개발하는 다양화에 대한 노력을 해나갈 계획이다.

중국에서 열리는 도깨비축제에 가봤더니 도깨비 모양과 내용이 아주 다양했다. 부락이 50개면 각 부락마다 도깨비에 대한 이미지와 스토리가 다르다고 했다. 우리나라만의 고유캐릭터를 개발해 게임과 영화, 드라마 등에 콘텐츠로 활용한다면 문화전통의 가치는 더 높아질 거라고 본다.

문화데이터를 이용한 창업 교육과 성공사례

문화데이터에 대한 인식확산이라든가 문화데이터를 활용하는 창업기업 및 예비창업자를 대상으로 창업 관련 기본 교육과 문화 데 이터 활용방안, 지역의 특화 신기술 분야 등 다양한 프로그램을 운영

중이다. 문화데이터 경진대회를 통한 우수사례 발굴과 사례를 모은 활용 사례집도 발간해오고 있다. 그동안 우리 기관에서 개발하고 모은 문화데이터를 활용해 창업한 기업이라면 하비박스외 히든트렉, 플라이북을 들 수 있을 것 같다.

하비박스는 데이터 분석 기반의 취미·여가 큐레이션 서비스를 개발해 웰컴저축은행(주)외 2곳에서 약 1억 원을 투자 받았으며, 이외에도 구독 기반 일정 데이터 추천 서비스를 개발한 히든트랙도 1억 원, 개인별 맞춤 도서 문화 큐레이션 플랫폼을 운영하는 플라이북은 2억 원을 투자 받은바 있다.

공공저작물 활용지원 사업의 우수 사례

공공저작물 중 한국 전통문양을 활용해 한국문화유산 컬러링 앱 서비스를 개발한 '예스튜디오'의 경우 현재 다운로드 누적수가 600만에 이르고 있다. 또한 공공저작물 을 활용해 창업한 '쥬스'는 국악 악보 등을 활용한 악보 변화 플랫폼 앱 서비스 개방을 통해 평균 매출 130만원 증가, 고용 5명 증가 등의 성과를 보였다.
더불어, 공공저작물 약 4,000건을 활용해 문화관광 상품 서비스앱을 개발해 오프라인 문화체험교육과 연계 사업을 진행하는 '(주)문화상상연구소'는 앱을 통해 오프라인 신규 회원은 약 2,400명 유입 됐다. 더 나아가 아리랑TV 등 영상 공공저작물을 활용해 외국어교육 서비스앱을 개발한 '(주)투미유'는 필리핀, 미국, 인도네시아, 호주 등 다양한 해외유저도 확보하고 있다.

보유 중인 문화데이터의 수준의 자체 평가와 신규 문화데이터의 발굴 계획

데이터에 대한 민간의 수요는 늘어나고 있지만 민간, 공공 개별 단위의 데이터들이 흩어져 있어 융합된 정보가 부족한 게 현실이다. 또한 다양한 분야에서 데이터가 생산, 축적되고 있으나 활용하기에는 어려움이 많다. 그 이유는 정제되지 않은 데이터가 대부분이기 때문이다. 데이터는 누구나 활용 가능해야 하고, 그러기 위해서는 데이터 표준체계가 필요하다. 때문에 우리 기관에서는 문화체육관광 빅데이터 플랫폼 구축을 통한 다양한 테마의 센터를 활용해 유의미한 데이터를 발굴하기 위해 노력하고 있다.

클렌징한데 이터간의 이종결합을 통해 보다 가치 있는 고품질 데이터를 발굴하기 위한 준비도 해나가고 있다. 예를 들어 세대별, 성별, 지역별, 소비패턴, 소셜분석을 통한 K-패션 트렌드 분석, 한류 스타 관련 굿즈 판매 매출, 외국인 관광객 소비행태, 한국 문화의 장르별, 국가별 호감도 등의 데이터 가공을 통해 한국 문화 수요 및 관심도, 한류 콘텐츠 발굴, 지역별 한류 유망지역 발굴 등의 서비스 또는 비즈니스를 발굴할 수 있을 것이다.

어제는 어떤 지역에서 어떤 영화를 많이 봤고, 어떤 지역에서는 적게 봤으며 왜 그랬는지 등에 대해 데이터화 해놓으면 디테일한 분석이 가능해진다. 봄, 여름, 가을, 겨울 소비하는 문화 장르가 지역에 따라 다르게 나타나는 것을 데이터 분석을 통해 알 수도 있고, 이렇게 되면 정부가 문화정책을 펴 나가는데 체계적일 수 있고, 문화산업에

정부가 문화정책을 펴 나가는데 체계적일 수 있고, 문화산업에 종사하는 사람들도 지역별 문화소비 패턴을 알 수 있어 경제적인 수익구조에 대해 대비할 수 있다. 물론 쉽지 않은 과정이지만, 그렇다고 손을 놓고 있을 수만은 없다. 지금과 같이 형식적인 자료로 스마트한 정보까지 기대하는 국민들의 요구에 부흥 하기는 어려울 것이다.

나는 10년 넘게 한국개발연구원(KDI)에서 일해 오면서 미래 먹을 거리 산업에 대해 많은 고민을 해왔다. 언제까지 대기업들이 국민을 먹여 살릴 수 없다. 세계에서 유일한 패권국도 없다. 반도체 하나만 봐도 선두에 달리던 미국이 일본에 빼앗기고 그걸 한국이 가져왔지 않는가? 앞으로 몇 년 뒤 이 시장이 어떻게 바뀔지 아무도 알 수 없다. 선진국들은 하드파워에서 소프트파워로 발전하려는 전략을 가지고 있다.

현재 우리 미래 산업은 위기를 맞고 있다고 본다. 피카소 그림 하나의 값이 엄청난 가치가 있듯 우리도 우리의 문화전통을 미래산업으로 육성해 나가야 한다고 본다. 한국적인 캐릭터를 게임이나 영화 드라마 등에 소재로 사용할 경우 아시아시장으로의 진출도 가능하다고 본다.

얼마 전 문화체육관광부 장관님을 뵐 기회가 있어서 지역별 인구대비 문화서비스가 어떻게 소비되고 있는지 알고 계시는 지 물었다. 정확 하지도 않은 통계를 가지고 추측할 게 아니라 정확하고 구체적인 통계를 가지고 문화정책을 펴나가야 한다는 점도 말씀드렸다. 이제는 말로만 하는 정보제공이 아니라 체계적이고 구체화된 데이터가 필요하다. 그래서 각 지역에 잠자고 있거나 묻히고 있는 자료들을 찾아서 데이터화하려고 하는 것이다.

우리나라 각 지방은 문화원 및 문화재단이 있고 지역의 문화를 연구하는 향토학자들도 많다. 지금껏 우리 원에서는 그런 노력을 해오지 않았다. 그래서 취임 후, 가장 먼저 그러한 기관들과 업무 협력을 맺고 오프라인 상에서 모임도 가지고 있다. 직접 현장으로 나가서 예술인들과 소통하다 보니 그들이 뭘 원하는지를 알 수 있었다. 예술인들을 만나 보면 정말로 열정을 가지고 작품을 만들고 있다.

직업을 하나만 가진 분이 한 분도 없었다. 강사도 하고 커피점원도 하고 전단지도 뿌리고 이분들의 삶과 경제적 여건이 아주 어렵다. 대학로에 가서 연극하는 분들을 만나보면 1년 연봉이 100만원, 200만원이라는 분들도 계시다. 우리 사회 예술인들의 삶이 이런데 어떻게 문화예술이 발전될 수 있고 문화산업이 커 갈 수 있을까. 이제 문화는 사회 곳곳의 경제동력이 되고 있다. 정부가 문화산업의 발전에 보다 더 깊은 관심을 기울여 줬으면 하는 바람이다.

문화N티켓의 인기비결

공공기관에서 티켓을 판매한다니까 아주 생소하겠지만, '문화N티켓'은 국민들이 티켓을 구입할 수도 직접 판매도 할 수 있는 예매 사이트라고 할 수 있다. 요즘 길거리를 가다 보면 버스킹을 하는 친구들을 많이 찾아볼 수 있다. 이들이 '문화N티켓' 예매사이트를 통해 공연정보를 알리고 관객들과 서로 공유도 한다.

알리고 관객들과 서로 공유도 한다. 전문공연장에서 공연을 하려면 티켓을 판매해야 하는데 수수료가 너무 비싼 것이 현실이다.

'문화N티켓'은 그래서 만들어진 것이다. 어려운 개인이나 단체를 지원하기 위해 만들어진 사이트이다 보니 판매 수수료도 없다. 공연이나 전시, 축제 등에 관한 정보도 만날 수 있고, '문화N티켓' 사이트를 통해 길거리 버스킹이 자주 열리고 악기연주 오페라 등 을 자주 접하게 된다면 국민들의 마음이 질적으로 풍성해질 거라고 본다. 국민들께서 '문화N티켓' 관심 많이 가져주시길 바라는 마음이다.

청소년들의 문화생활을 위해 청소년증이 필요하다.

얼마 전 열린 아이돌 콘서트에 참가하기 위해 표를 사는 과정에서 청소년들이 신분증 위·변조를 하는 것으로 나타났다. 그걸 보면서 청소년들이 자신의 신분을 확인할 수 있는 무언가가 필요하다는 생각을 했다. 현재 우리나라 15~19세가 약 25만여 명인데 그 중 청소년증을 발급하는 아이들이 16만 8,000명 정도 되는 것으로 나타나고 있다.

나머지 청소년들은 자신을 증명할 인증서가 없다. 그래서 우리 청소년들에게도 어른들이 주민등록증 같은 청소년 증을 만들어 주자는 거다. 청소년들은 문화적 활동에 대한 욕구가 아주 강하다. 청소년증이 있으면 문화소비도 자유롭게 할 수 있다. 과거와 달리 요즘은 자신이 하고 싶은 음악도 하고 춤도 추면서 자신의 미래에 대한 비전을 스스로 만들어 가도록 해야 할 것이다.

한국문화정보원 포털 이용 실태

현재 문화포털과 전통문화포털은 별도 사이트로 운영되고 있다. 이러다 보니 이용자는 따로따로 방문해 정보를 찾는 불편함이 있고, 좋은 정보가 있더라도 홍보가 안 돼 조회 수도 적다. 이런 문제를 개선하기 위해 우리 원에서 운영하는 각 사이트의 회원을 통합해 로그인을 일원화할 계획이다. 또한 문화정보를 기존 공급자와 이용자 관점에서 제공하던 것을 이용자와 이용자 간 상호 소통하고 공감할 수 있도록 개선을 추진 중에 있다. 나아가 향후에는 개별로 나누어진 사이트들을 민간사이트 네이버처럼 문화포털을 중심으로 서브섹션으로 서비스 통합을 추진해 나갈 계획이다.

문화비 소득공제 제도

문화비 소득공제는 국민들의 문화향유 기회를 확대 하고 공제 대상 문화산업 활성화에 기여하기 위해 2018년 7월 1일 도서와 공연분야를 시작으로 올해 7월 1일 부터는 박물관 미술관 입장료 소득공제 제도가 시행되고 있다. 공제 금액은 신용카드 소득공제 금액에 추가 100만원까지 30% 공제율로 시행되고 있으며, 현재 도서를 판매하는 2,400여 곳, 공연티켓 판매처 721곳, 309개 박물관 미술관에서 소득공제 혜택을 받을 수 있다. 문화비 소득공제 제도 시행 관련 한국 문화정보원은 사업자 온라인 접수·등록 관리 및 시스템을 운영하고, 콜센터, 제도 홍보 업무를 수행하고 있습니다. 본 제도에 대해 큰 관심과 참여를 바라는 바이다.

국민들이 문화데이터에 쉽게 접근하는 사회 분위기 형성

 아무래도 국민들이 문화콘텐츠와 문화데이터에 쉽게 접근하고 향유할 수 있는 기반을 만들어가는 일이 문화원장으로서 취임 후 가장 신경을 썼던 부분이었다고 말 할 수 있다. 여태껏 우리원은 문화체육관광부 관련 48개 기관을 대상으로 데이터를 가져다 공유하고 개방하는 지원 역할을 해왔다. 이제 데이터를 모아 개방하는 일은 의미가 없다. 종류와 규모, 활용도 등 용도에 맞게 분리하고 체계화해야 할 것이다.

 지난 5월, 과학기술부 주최 '빅 데이터 플랫폼 및 센터구축' 공모 사업 문화 미디어분야 컨소시엄에서 우리 원은 최우수과제로 선정되는 쾌거도 올렸다. 빅데이터 플랫폼 및 센터구축 사업은 문재인 대통령께서 말씀하신 사람중심의 문화를 뒷받침하고, 5G시대 도래 에 따른 맞춤형 정책이 가능한 스마트 시대를 대비한 공공분야 문화 빅데이터화 사업이다. 이번 결과는 문화 빅데이터에 근거해 합리적인 의사결정을 할 수 있는 기반을 만들고자 노력한 결과라고 본다. 제가 취임하자마자 빅데이터 구축한다고 했을 때 직원들이 속으로 비웃었지 모른다. 이 작은 기관에서 문화 빅데이터 플랫폼을 만든다고 했으니 말이다.

 빅데이터 플랫폼 1,500억 원 예산을 놓고 정부가 컨소시엄을 열어서 10개의 플랫폼을 선정했는데 우리가 압도적으로 1등 을 했다. 플랫폼을 만들어야 하는 이유와 정부, 기업, 국민에게 어떤 서비스를 할 것인지에 대해 촘촘하고 구체적인 프레임이었으니까.

'문화N티켓'에 대한 호응도 아주 높았다. 단순히 형식적인 지원이 아니라 길거리 버스킹과 같은 현실성 있는 지원을 해주고 여기에 자동 홍보까지 되도록 구성했다. 청소년이나 소외계층들에게 빈 문화시설도 지원했다. 문화로부터 소외되고 정책으로부터 소외된 분들을 지원할 수 있는 신규 사업도 연구했고, 그동안 소통이 전혀 없던 각 지역의 문화재단 및 문화연합단체들과 업무협약(MOU)을 하고 네트워크도 만들었다.

워크샵도 갖고 소통을 해나가다 보니 우리가 서로 어떤 것을 해야 하는지 자연스럽게 알 수 있었다. 뭐든 답은 현장에 있다고 생각합니다. 예술인들과 만나고 각 지역을 돌아다니며 4차 산업혁명시대에 맞는 문화 빅데이터 플랫폼을 완성해 나갈 것이다.

내가 꿈꾸는 문화도시

어려서 나는 시골 작은 마을에서 자랐다. 마을 집들 가운데 공동으로 사용하는 마당이 있었는데 그곳은 단순히 누구 한 집의 공간이 아닌 모든 사람들이 하나가 되는 따뜻한 공동체 공간이었다. 지금으로 치면 마을 분들의 문화적 공간이자 커뮤니티 공간이었던 셈이다. 그러나 시대가 변하면서 이런 따뜻한 공간들은 점차 사라지고 있다. 아파트 내 피트니스센터와 같은 물리적인 공동공간이 있긴 하나 세대 간, 직업 간 소통하고 서로의 문화를 나누는 따뜻한 문화공간으로서의 기능은 쉽지 않은 것 같다.

예전과 같은 따뜻한 공동체 공간을 만들어내는 것이 '문화도시' 라고 생각한다. 요즘 정책적으로 '작은 도서관'을 지역마다 많이 짓는 것 같은데, 책을 매개로 한 '마을 커뮤니티 공간' 이라고 생각한다. 단순히 책을 보는 것이 아니라 서로 모여 이야기하고 안부를 묻는 그런 공간이 될 수 있는 거다. 이 작은 도서관이 들어서는 데는 많은 문화데이터가 기반이 된다. 가령 어디에 지을 지, 어떤 도서관을 지을 지 등 많은 데이터를 기반으로 작은 도서관 건립 방향이 정해진다. 이런 작은 도서관들이 모이고 공동체 공간이 늘어나면 점차 문화데이터를 기반으로 한 '문화도시'가 탄생될 수 있을 것이라고 기대한다.

사회활동에 대한 나의 견해

현재, 우리나라에 장애인으로 등록돼 있는 인구가 259만 명 정도라고 한다. 대한민국 인구 5,000만 명을 기준 으로 볼 때 국민 20명 중 1~2명은 장애인이라는 얘기다. 이제 더 이상 장애인은 남의 이야기가 아닌 우리 사회의 고민이자 책임이다. 나는 지금껏 사회적 약자를 돕고 그들이 행복한 세상을 만드는 것만이 진정한 가치라고 생각하며 살아왔다. 장애인이 더 행복한 사회가 된다면 국민 모두가 더 행복한 삶을 즐길 수 있을 것이라 생각한다. 나는 어린 시절 정말로 가난하게 살았다.

아버지께서 이북 분이셨는데 당시 사회적인 눈초리들이 있었던 것 같다. 내가 세 살 때 아버지께서 돌아가셨는데 어머니께서는 우리한테 공부하라는 말을 한 번도 하지 않으셨다. 공부해봐야 사회에 나가 제대로 된 일을 할 수 없다고 생각하셨던 것이다.

가난한 가정에서 자라다 보니 도시에 사는 다른 세상을 도저히 뛰어넘을 수 없는 차이를 느꼈던 것 같다.

　이번에 장애인축구협회 회장으로 취임 한 것은 그분들을 위해 내가 할 역할이 있다고 생각해서다. 균등하고 정의로운 사회를 말하지만 사회적 약자들에게 정책의 사각지대는 여전한 것 같다. 40대에 직장을 잃었거나 몸이 불편해서 사회 일원으로 일하기 어려운 분들에게 이 사회의 빈부격차는 높은 옹벽과도 같이 느껴질 수 있다. 우리 사회가 장애를 넘어 저출산 고령화 시대에 지역, 학벌, 재산 등 그 어떤 것에도 구애받지 않는 시대, 큰 가치를 위해 힘 써 나가고자 한다.

이현웅 한국문화정보원장
"개인·기업·정부 맞춤형 문화데이터,
한국문화정보원이 이끈다."

요즘 직장인들은 무엇보다 '워라밸'과 '저녁이 있는 삶'을 중요하게 생각한다. 인류의 미래는 여가를 어떻게 수용하는 지에 달렸다는 아놀드 토인비의 말처럼 점점 더 여가와 문화적인 삶을 원하는 사람들이 늘고 있다. 또 산업적으로 봐도 문화콘텐츠는 부가가치의 아주 중요한 원천이 될 때가 많다.

'문화데이터'의 개념

공간에 사람이 모이고 사람들이 만나서 형성하는 모든 게 실은 다 문화라고 할 수 있다. 그 모든 문화에서 빚어지는 어떤 현상들을 수치화한 것을 문화데이터라고 할 수 있는데, 현재 한국문화정보원은 문화체육관광부가 규정하고 있는 문화, 예술, 체육, 관광 등 관련된 정보를 디지털화 할 수 있는 모든 정보를 수집을 해서 국민들에게 서비스하고 있다. 구체적인 예를 말씀을 드리면, 박물관에 가면 다양한 유물들이 있는데, 다양한 유물들을 3D데이터로 만들면 손 안의 모바일을 통해서 언제든지 신라시대 경주의 유물들을 더 실감 있게 볼 수

수 있는 정보가 될 수 있다. 과거의 유물부터 또 어떤 가치가 있는 경관 그리고 우리가 살아가고 있는 현재의 패션, 문화, 예술, 체육 모든 것에 관련된 데이터가 우리가 수집하고 정리해서 국민들에게 제공하고 있는 데이터의 범위에 다 포함된다고 이야기할 수 있을 것이다.

기관의 수장으로서 한 조직을 이끌면서 리더로서 가장 중요하게 생각하는 덕목

나응 기관의 리더로서 가장 중요한 덕목은 함께 일하는 수평적인 가치라고 생각한다. 지위가 높다고 해서 어느 누가 인간적 가치가 높거나, 낮거나 하는 문제는 아닌 것 같다. 서로 역할이 다를 뿐이지 제가 원장이고 누구는 말단 직원이라고 해서 서로의 역할과 인격적인 가치에 차이가 있는 건 아니다. 누구나 동등한 인격적 가치와 업무의 가치가 있기 때문에 나는 수평적으로 함께 일하는 동료 개념이 저에게는 가장 중요한 덕목이라 생각을 하고 그것을 지키기 위해서 항상 여러 직원들과 함께 마음을 열고 대화를 나누려고 노력을 다하고 있다.

국립박물관에 있는 국내최초 로봇 '큐아이'

우리가 만드는 큐레이팅 로봇은 4차 산업혁명시대에 가장 스마트한 기술들의 집합체다. 로봇이 움직이려면 결국은 사물인터넷 센서를 통해서 사람들을 인식하고 움직여야 되고 또 사람들의 질문에 대해서 답변해야 되기 때문에 그 질문에 대해서 답을 할 수 있는 기능이 있어야 답을 할 수 있는 기능이 있어야 되는 것이다.

또 자율주행을 해야 하기 때문에 자율주행에 관련된 다양한 기술이 들어있다. 4차 산업혁명 기술에 기반한 새로운 AI 서비스는 기존의 정상적인 루트로 문화예술 서비스를 받고 있는 사람들에게 더욱 풍부한 문화예술 서비스를 제공하는 것뿐만 아니라 거동이 불편하신 분들을 위해서 신체가 어려우신 분들을 위해서 찾아가는 박물관 서비스를 위해선 반드시 필요한 새로운 기술이라고 생각이 된다.

우리가 많은 AR·VR 홀로그램 데이터를 구축하고 있는데, 나는 가끔 이런 생각을 해본다. 광화문 네거리에 이순신 장군의 동상 위로 이순신 장군의 거북선이 홀로그램으로 하늘에서 날아다니는 모습을 상상 해본다. 그렇다면 종로 광화문 네거리를 방문하는 수많은 관광객들 에게 광화문 네거리는 새로운 랜드마크로서의 역할이 더 커질 수 있지 않을까? 그런 것이 지역 상권을 더 발전시키고 서울의 문화관광산업을 육성하는 방향으로 갈 것이다. AR·VR의 활용은 교육적인 측면에서 도외 지역 아이들을 위해, 문화정보원에서는 제주박물관이나 나주 박물관을 홀로그램으로 3D로 보여주는 프로그램도 적극적으로 진행 하고 있고 또 산업적으로도 도시의 경쟁력, 문화관광 경쟁력을 강 화하기 위해서 3D콘텐츠는 다양한 용도로 사용될 수 있을 것이라고 생각하고 있다.

국립국악원 국악을 공공저장물로 등록의 효과

요즘 대부분의 잘 나가는 유튜버들이 쓰는 음악을 보면 대부분 비슷하다. 왜 비슷하냐면 저작권 문제가 있기 때문이다. 저작권이 없는 음원만 쓰기 때문에 같은 음원을 여러 잘 나가는 유튜버들이 사용하고 있는 거다. 우리 국악에도 다양한 음원들이 많이 있는데 이 음원들을 전 국민들에게 배포한다면 유튜버들이 저작권에 대한 두려움 없이 사용할 수 있을 것이고 활용이 높아진다는 것은 결국 우리 국악의 활용도와 가치, 어떤 새로운 용도로서 그 가치가 인정받는 쪽으로 발전하지 않을까 생각이 든다. 이 국악에 대해 우리나라 뿐 만 아니라 해외에서도 수요가 있다. 해외에서도 얼마든지 국악의 가치를 이해하고 활용할 수 있도록 저희는 적극적으로 오픈할 생각을 갖고 있다.

문화가치에 대한 나의 핵심가치

내가 살았던 동네는 가난한 사람들이 모여 살았지만 항상 서로 따뜻한 마음을 주고받았던 동네였다. 아버님은 3살 때 이북에서 내려오셔서 일찍 돌아가셨고 저희 어머니는 무속인으로 어려운 삶을 사시고 또 밤마다 저녁에 이불속에서 새벽에 우시는 모습을 자주 봤던 기억이 있다. 내가 가장 중요하게 생각하는 가치는 돈이 없고 또 학벌이 다르고 또 지역이 다르고 성별과 연령이 다르다고 해서 그 사람의 '인간의 가치'가 달라지는 건 아니라고 생각한다. 원장과 직원의 가치는 같은 거다. 모든 인간은 인간으로서 받아야 할 동등한 가치가 있는 것이다. 나는 이런 인간들의 기본적으로 보장받아야 할 권리가 서로 존중되는 공동체가 가장 중요한 덕목이라고 생각하고 있다. 그래서 내가 자라온 환경, 배경에서 소재를 많이 찾아서 칼럼을 많이 쓰고 있다. 또 공동체문화 속에는 다양한 문화가 있다. 우리 전통문화도 있고 동네 주민들끼리 모여서 하는 축제의 문화도 있다.

나는 문화체육관광부에서 하고 있는 다양한 문화에 대한 소식을 접하고 모아서 국민들에게 따뜻한 이야기로, 서로 분배하는 이런 것에 대해서 굉장히 가치를 느끼고 있다.

Part 3. 문화 그리고, 정책
문화정책을 통해
꿈꾼 조화롭고 현명한 변화

문화데이터 기반의 혁신성장

1) 4차 산업혁명과 문화

제4차 산업혁명의 핵심인 디지털 혁명은 경제 전반에 걸쳐 광범위하게 매우 빠른 속도로 확산되고 있다.* 더불어 한국뿐만 아니라 전 세계적으로 ICT 기반의 생산과 소비의 방식을 기반으로 발전 할 제4차 산업혁명시대를 대비하기 위하여 대응책을 마련하고 있다. 특히나, 이런 흐름은 제4차 산업혁명에서의 사회는 경제뿐만 아니라 생활양식, 사회구조에까지 영향을 미칠 것으로 예측되면서 우리의 생활 전반에 변화를 가져올 것으로 예측되기 때문이다.

이에 한국의 경우도 새로운 변화에 대응하기 위해 다양한 방면에서 노력하고 있지만, 4차 산업혁명을 위한 본격적인 발걸음이 시작된 시점의 국정운영계획 뿐만 아니라 여러 연구들에서도 결국 한국의 제조업 즉, 공급자 생산효율 혁신을 중심으로 하는 4차 산업혁명의 틀 위에 구조화를 제시하고 있음을 알 수 있다. 물론 소비의 스마트화를 이야기하는 경우도 있긴 하지만 결국 스마트화된 소비자의 정보를 생산의 방식에 활용하는 수준으로 논하는 경우가 많다.

하지만, 한국의 경우, 스마트 공장, 스마트 시티, 센서, 통신기술 같은 공급과 이를 위한 하드웨어적인 구축을 중심으로 무게가 쏠려 있어 4차 산업혁명의 경제활동에서 중요한 요소로 인식되는 소비측면에 대한 고민이 부족하다고 할 수 있다. 독일의 경우, 제조업 중심의 강력한 경쟁력을 기반으로 인더스트리 4.0(Industry 4.0)을 추진했지만, 그 이면에는 제조업의 생산측면과 소비측면에 대한 철학이 충분히 녹아 있고, 결국은 새롭고 복잡해지는 소비패턴의 사회에 적응하기 위해 필요한 것으로 이해되고 있는 것과는 비교되는 대목이라 할 수 있다.

⟨ Motivation Individualization ⟩

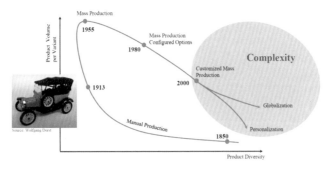

▲자료 : Bauernhansl, ten-Hompel, Vogel-Heuser: Industrie 4.0 in Produktion, Automatisierung und Logistik ", Springer Vieweg, 2014.

이와 함께 주목해야 할 것은 4차 산업혁명으로 촉발된 새로운 유통과 소비의 시장에 누구나 참여할 수 있을 만큼 진입의 장벽이 낮게 이루어지고 있는지, 그리고 그 시장에 참여할 수 있는 가장 낮은 장벽을 어떻게 만들 것인지의 문제를 고민해야 한다. 이에 4차 산업혁명의 가장 기본적인 요소와 거래의 대상으로써 많은 이들이 데이터를 주목하고 있다. 이는 결국 소비자의 행태를 중심으로 낮은 진입장벽을 통해 새로운 시장을 만들어서 추진할 수 있는 수단이 바로 데이터이기 때문이다. 결국 4차 산업혁명의 원유로 인식되고 있는 데이터를 통해 누구나가 더욱 진보된 그리고 개방된 경제활동 속으로 진입할 수 있는 것이기 때문이다.

2) 문화산업과 문화데이터 현황

가. 문화산업

한국의 4차 산업혁명은 근래 디지털 변혁을 통해 빅데이터, AI, 로봇, IoT, 바이오 공학 등과 같은 혁신기술을 중심으로 혁신성장 전략이 펼쳐지면서 문화산업의 중요성이 주목받지 못하고 있지만, 근래 글로벌 지표를 살펴보면 오히려 혁신적인 성장의 가능성이 훨씬 큰 것을 알 수 있다. 실제 전 세계 문화콘텐츠 산업의 규모는 2조에 달하고 있으며, 이는 ICT 기술 시장규모의 2배에 달하고 자동차 산업 시장규모에 비해서도 약 2배에 달하는 규모이다.

---

*문화체육관광부. 콘텐츠 산업 중장기 정책비전. 2017.12
* 고용유발계수(명/10억 원) : 콘텐츠산업 12.1명 (반도체(3.0명), 자동차(6.8명) 등 상회)
* 문화데이터 : 문화유산, 예술, 체육, 관광, 한글, 문화재 등 다양한 문화 분야의 공공데이터를 칭함(한국문화정보원)
* 공공데이터포털(www.data.go.kr). 2019.1.

또한, 전 세계 문화콘텐츠 시장은 지난 몇 년 동안 5%이상 지속적인 성장을 이어왔으며, 앞으로도 연평균 4%이상 성장할 것으로 예측되고 있다. 국내현황의 경우도 비록 그 분야가 편중되고, 국내의 지역적인 쏠림이 있다고 하더라도 성장률은 5%에 달하는 것으로 국내 전체 산업성장률 1%대에 비하면 혁신성장의 잠재력이 더욱 크다고 할 수 있다. 2016년 기준을 보면 자동차 제조업이 같은 기간 4.8만 명, 전자부품제조업이 － 0.6만 명에 그쳤지만 국내 문화콘텐츠 분야 고용규모는 62.4만 명으로, 최근 5년간('12~'16) 총 1.3만 명(연평균 0.5%) 증가했다. 또한 창조적 사고를 바탕으로 하는 문화콘텐츠 분야의 경우 반도체 등 타 산업에 비해 고용유발계수가 높아, 일자리 창출 효과가 큰 분야이다.

나. 문화데이터 활용 가능성

2008년 금융위기 이후 주목받고 있는 창조산업 분야의 성장과 함께, 문화콘텐츠의 창작과 유통을 중심으로 하는 문화산업은 지금까지 우리가 알고 있던 어떤 것보다 그 파급력이 강력할 것으로 예측되고 있다. 실제 민간산업자원으로써 문화데이터에 대한 수요는 다른 분야들에 비해 획기적으로 많은 것을 할 수 있다.

〈분야별 공공데이터 민간활용 업체 등록 건 수〉

문화 관광	보건 의료	재난 안전	교통 물류	환경 기상	과학 기술	농축 수산	통일 외교 안보
484	161	39	254	223	65	90	11

법률	교육	국토 관리	공공 행정	재정 금융	산업 고용	사회 복지	식품 건강
16	115	139	173	56	124	48	42

▲자료 : 한국문화정보원 내부자료 재인용(공공데이터포털(www.data.go.kr), 2019년 1월 기준)

실제, 문화데이터 활용은 대부분 사업모델 개발 등 창업활동(65.7%)에 사용되는 것으로 조사되어 문화데이터를 통한 창업사례가 더 증가할 것으로 예상할 수 있다.*

또한, 지금과 같이 ICT 기술을 기반으로 하는 혁신적인 디바이스의 개발과 이를 활용하기 위한 더욱 매력적인 콘텐츠를 개발하기 위해 다양한 문화데이터들이 창작가들과 혁신창업가들로부터 요구되고 있고, 문화산업의 측면에서 문화데이터의 매력은 이미 창작자 또는 개발자들을 중심으로 그 가능성이 확인되고 있다.

---

*한국문화정보원. 문화데이터 활용사례 및 만족도 조사. 2018.10.

다. 국가 공공데이터와 문화데이터

하지만 디지털 데이터를 기반으로 작동하고 있는 문화산업의 기름이라고 할 수 있는 문화데이터의 현실은 이런 기대를 충분히 뒷받침하지 못하고 있는 실정이다. 실제 한국의 16대 분야별 공공데이터 보유 현황을 살펴보면, 현재 한국의 문화데이터에 대한 전략이 다른 부분에 비해 상당히 미약하다는 것을 알 수 있다.*

〈16대 분야별 공공데이터 보유 현황〉

분야 구분	교육	국토 관리	공공 행정	재정 금융	산업 고용	사회 복지	식품 건강	문화 관광
보유	12,035	29,284	117,218	53,161	44,960	10,096	5,614	**8,792**
개방 (개방비율)	1,392 (11.6%)	1,248 (4.3%)	4,153 (3.5%)	483 (0.9%)	2,169 (4.8%)	1,909 (18.9%)	621 (11.1%)	**4,619 (9.525%)**
분야 구분	보건 의료	재난 안전	교통 물류	환경 기상	과학 기술	농축 수산	통일 안보	법률
보유	45,458	9,702	9,525	19,097	13,034	25,552	12,451	3,546
개방 (개방비율)	1,863 (4.1%)	2,278 (23.5%)	2,950 (31.0%)	2,204 (11.5%)	897 (6.8%)	1,226 (4.8%)	285 (2.3%)	109 (3.1%)

▲자료 : 행정안전부. 범정부 공공데이터 중장기(′19~′21) 개방계획. 2019.2

실제 2017년 기준으로 문화분야 공공데이터 등이 291건 개방된 것으로 확인할 수 있지만 활용성과의 대부분을 출판, 방송, 전시, 학술연구 등이 많은 부분을 차지하고 있고,* 이는 같은 기간 공공데이터 유통 및 거래기반 마련에 투입된 예산이 고작 573백만 원에 그친 것과 무관하지 않을 것이다.

〈민간 데이터 구매/활용 현황〉

대상데이터 (기관명)	활용 목적 및 내용	데이터 포맷	예산 (백만원)
통신데이터 (한국문화관광 연구원)	관광빅데이터 분석(SKT)	xlsx	220
상가,업소DB (한국문화관광 연구원)	우리마을가계 상권분석 (신한,오픈메이트 등)	xlsx	253
통신데이터 (한국문화관광 연구원)	서울시 빅데이터플랫폼, 빅데이터 캠퍼스 등(SKT)	csv	100

▲자료 : 문화체육관광부. 공공데이터제공 및 이용 활성화 시행계획. 2018.3

* 행정안전부. 범정부 공공데이터 중장기('19~'21) 개방계획. 2019.2.
* 문화체육관광부. 공공데이터제공 및 이용 활성화 시행계획. 2018.3.

이와 함께 공공데이터 개방·품질 사업 추진의 경우도 전체 18개 사업들이 190억 원 정도에 그치고, 이마저도 특정 2개 사업에 150억 원 이상이 치우쳐 있는 현실, 그리고 지역의 문화재, 천연기념물, 대형 문화 공간 등 제도적 또는 물리적인 한계로 민간이 직접 디지털 데이터화하기 어려운 경우가 존재하기 때문일 수도 있으며, 무엇보다 고고·역사, 예술, 현대문화, 생활문화, 정신문화, 관광자원 등 문화콘텐츠 활용에 필요한 고품질의 데이터 확보의 어려움은 문화콘텐츠를 중심으로 한 산업의 성장을 어렵게 하는 요인으로 작용하고 있다.

3) 문화데이터의 새로운 시장
가. 문화데이터 기반의 혁신기술 시장

문화데이터를 기반으로 만들어지는 콘텐츠가 만드는 문화시장에 관해서는 앞에서 언급했듯이 시장의 규모뿐만 아니라 고용유발효과에 이르기까지 반도체와 자동차 산업을 넘어서고 있다. 특히, 문화기술의 경우 문화데이터 또는 이를 활용해 만들어진 콘텐츠를 직접 판매하거나 서비스를 제공하는 것도 가능하지만, 대부분의 콘텐츠 서비스는 특정의 어트랙션과 기술이 융합되어 보다 더 매력적인 서비스로 이어지게 됨에 따라서 문화기술과 문화콘텐츠는 나누어 진 것이 아니라 하나의 패키지로 인식할 필요가 있다.

근래 5G의 성공적인 구축에 따른 상업적 성공의 통로로써 고민되고 있는 문화시장의 성장 가능성을 가늠해 보기 위해 혁신기술을 기반으로 한 VR·AR, 홀로그램 등의 시장 규모 예측을 살펴보면, 가상현실(VR)이 2016년부터 2020년까지 연평균 성장률이 67%에 달해 가장 높은 잠재적 성장률로 나타났고, 시장 규모면에서는 지능적 스마트미디어 유통 기술관련 시장이 2018년 9조원을 넘어 가장 클 것으로 보인다.

특히, 규제샌드박스 등 법제도적 애로가 어느 정도 해소되는 2019년부터는 혁신기술의 실증특례와 임시허가 등이 가능해 짐에 따라 이 시장에 대한 관련 투자가 빠르게 증가함으로써 시장규모 또한 커질 것이다.

〈분야별 국내 시장 규모 예측 및 연평균성장률〉

(단위 : 억)

구 분		2016	2017	2018	2019	2020	연평균 성장률
가상/ 증강 현실	VR	4,734	13,019	20,120	29,588	36,689	66.8%
	AR	8,903	10,146	11,512	13,061	14,818	13.5%
CG		3,390	3,812	4,287	4,821	5,421	12.4%
홀로그램		5,435	6,138	6,876	7,489	8,155	10.2%
오감 인터랙션		4,510	5,367	5,936	-	-	17.46%
스마트 미디어유통		74,252	81,653	90,258	-	-	12.54%

▲자료 : NIPA. 2016 국내 디지털 콘텐츠 실태조사. 2016.

라. 문화콘텐츠의 거래

근래 산업은 보다 더 개인화 되고 있고, 이는 소비주체로서의 측면뿐만 아니라 유통의 단계도 제3자(third party)의 개입 없이 개인 간 거래로 나타나고 있다.

특히, 근래의 블록체인(Block Chain) 기술의 스마트계약(Smart Contract)과 같은 기술혁신을 바탕으로 다양한 문화서비스들이 생산과 유통과정에서의 무결성을 확보하고, 더불어 ICT 기술을 기반으로 개인 간 거래(P2P) 기반을 확보함으로써 창작자의 수익을 확보하는 방향으로 변화되고 있다.

특히, 이런 변화는 문화콘텐츠의 불법 복제와 유통 등 그간의 불공정 거래의 범람으로부터 창작자의 권리를 확보하는 차원에서 더욱 적극적으로 이루어지고 있고, 또 하나의 이슈는 제3자(third party)를 통한 유통계약에서 창작자에게 이어지는 수익구조가 불균형적인 경우들이 존재하고 있었기 때문이라고 할 수 있다.

결국 이와 같은 새로운 거래의 방식은 점 점 더 다양한 형태를 가지게 될 음원, 동영상, 미술, 책 등 디지털화된 문화산업에서 부딪히게 될 창작자들의 진품여부 그리고 저작권(copyright) 등의 문제를 해결하기 위한 중요한 수단으로 이용될 것이다.

〈 블록체인(Block Chain) 기반 P2P 거래 사례 〉

▲자료 : https://www.ujomusic.com/

---

*블록체인을 통한 디지털 콘텐츠 유통의 주도권 변화의 사례. 영국 싱어송라이터 이모젠 힙(Imogen Heap)은 음원의 적절한 대가를 위해 블록체인(Block Chain) 기반의 스마트계약(Smart Contract) 거래 플랫폼을 통해 배급사라는 제3자(third party) 없이 창작자가 직접 소비자에게 판매하고 자동 정산이 가능하도록 했음.

We offer a public platform allowing anyone to
register creative works on the Bitcoin blockchain
along with ways to trade, buy and sell those works

Upload
Upload your creative work to our
platform any file type, individually or in
bulk, on mobile or web

Select Your Terms
Set the rights and terms for the
commercial use of your media using our
contract templates

Distribute & Market
Make your work available as part of your
public Monegraph catalog or anywhere
else using plugins and widgets

▲자료 : https://www.ujomusic.com/

4) 문화산업의 혁신성장
가. 문화데이터의 보유와 개방

한국의 공공데이터 보유현황에서 문화분야가 차지하는 부분은 낮은 비율을 보이고 있고, 기술성장 중심의 정책으로 인해 문화시장의 성장 정책은 그 중심에서 벗어나 있는 것이 사실이다. 하지만 역설 적이게도 지금의 혁신기술 기반의 시장이 성장하기 위해서는 더 많은 문화콘텐츠 가 만들어 져야 하고 이를 위해 창작에 필요한 문화데이터의 구축이 확대되어야 하는 것은 주지의 사실이다.

---

*블록체인을 통한 디지털 콘텐츠 유통의 주도권 변화의 사례. 영국 싱어송라이터 이모젠 힙(Imogen Heap)은 음원의 적절한 대가를 위해 블록체인(Block Chain) 기반의 스마트계약(Smart Contract) 거래 플랫폼을 통해 배급사라는 제3자(third party) 없이 창작자가 직접 소비자에게 판매하고 자동 정산이 가능하도록 했음.

이를 위해 우선 민간이 직접 디지털데이터 작업이 힘든 경우 국가가 직접 적극적으로 구축함으로써 문화시장 성장의 기반을 다질 수 있을 것이고, 또 다른 한편으로 지방자치단체 등이 보유하고 있는 고품질의 문화데이터를 적극적으로 끌어 낼 수 필요가 있다.

이 경우 프랑스의 「디지털공화국법(Digital Repuplic Act)」의 사례와 같이 법제화 등을 통해 데이터의 개방을 고려해 볼 수 있는데, 프랑스는 2016년 제4차 산업혁명에 대응하기 위해 *「디지털공화국법(Digital Republic Act」을 제정하고 공공데이터와 공익데이터 모두를 활용한 프랑스의 사회적 가치를 반영한 국가 사회의 혁신 성장을 추구하고 있는데, 이 법에 따라 공공의 성장을 위해 필요한 경우 개방의무를 부여하고 있다.

나. 문화콘텐츠 거래 기반 구축

앞에서 언급했던 것과 함께 한국의 혁신성장을 위한 지금 제조업 중심의 효율성 강화 전략과 함께 시장의 매력이 유효한 한국의 문화 산업이 어떻게 더 효과적이고 능동적으로 데이터와 문화콘텐츠 유통을 지원할 것인지가 중요한 부분이다.

---

*이 법에서는 공공재적 가치를 지닌 데이터 중에서 공공데이터를 제외한 데이터를 공익데이터로 정의하고 있으며, 이와 같은 공익적 성격이 강한 데이터의 유통을 활성화함으로써 사회적 가치를 끌어올리고자 하는데, 특별한 점은 공익적인 가치를 확보하기 위해 민간의 데이터에 대해서도 개방의무를 부여할 수 있다는 것

특히나 문화콘텐츠 분야는 물류의 비용이 거의 포함되지 않고 제작이 아닌 유통과 소비의 분야에서 일어나는 거래활동이 핵심이라고 할 수 있다. 이미 블록체인(Block Chain) 기반을 활용한 문화콘텐츠 거래 방식은 이미 생겨나고 있고, 또한 그간의 불공정한 거래에 대응해 보다 더 무결성을 확보한 조건 위에서 창작자들의 권리가 보호되고 있는 실정이고, 그 효용성이 입증된 블록체인(Block Chain)과 같은 혁신적인 기술을 충분히 활용해, 누구나 문화데이터를 활용해 콘텐츠 만들고 거래 할 수 있도록 함과 동시에, 개인 창작자들이 플랫폼(platform)을 자유롭게 이용할 수 있게 함으로써 문화산업의 진입장벽을 더욱 낮추어야 한다.

---

*손화철 외. 2017. 4차산업혁명이라는 거짓말. 북바이북.

다. 문화데이터의 품질 강화

또 하나의 문제는 바로 데이터의 품질과 관련한다. 개인 간의 콘텐츠 제작과 콘텐츠 상품의 거래 활성화에 대응하기 위해서는 원천적인 재료가 되는 문화데이터, 무결성확보를 위한 시스템의 관리, 유통을 위한 스마트계약(SmartContract)의 기본정책, 거래되는 문화콘텐츠의 기준 마련과 함께 플랫폼(platform) 서비스의 일정 한 품질 유지가 필요가 있다. 이를 위해서는 문화데이터의 보유와 개방 등에 관한 정책 그리고 문화데이터를 활용한 2차 산출물 즉, 저작권을 가진 콘텐츠 유통 · 거래플랫폼의 구축 · 관리 등을 총괄 · 주관 할 수 있는 전문 기관의 지정과 운영이 필요하다.

결국에는 혁신성장을 빠르게 달성할 수 있는 방법은 기술환경과 사회변화에 따른 수요자들의 라이프스타일과 눈높이를 맞추는 것이며, 이를 위해서는 지금껏 정부가 우려 속에 주저했던 것들을 과감히 도전할 필요가 있다. 무엇이 성공 가능한 것이고 시장을 키울 수 있는지에 대한 판단을 창작자와 수요자의 시선에 맞춰 그들의 선택을 적극 지원해야 하고, 정부는 지금까지 제한적이었던 문화산업의 원천이 되는 문화데이터의 보유와 공개 범위를 공공뿐만 아니라 민간이 보유한 데이터에 이르기까지 그 범위를 과감하게 넓혀야 된다. 더불어 인공지능(AI)기반 큐레이션 서비스와 같은 미래의 문화 소비방식에 대응하기 위해 '소비 빅데이터'와 같은 고객수준의 데이터까지도 연계 · 활용할 수 있도록 해 새로운 방식의 문화산업에 대한 지원을 조금 더 과감하게 추진할 필요가 있다.

인공지능과 문화

 현대사회를 대표하는 가장 상징적 표현 중 하나는 4차 산업 혁명이다. 4차 산업혁명이라는 용어의 등장*은 지난 2016년으로, 용어의 등장 이후 불과 3년여 만에 현대사회를 설명하는 대표적 특징으로 자리 매김하고 있다. 따라서 현대사회를 4차 산업혁명 시대라고 명명하는 것은 전혀 새로운 것은 아니다.

4차 산업혁명은 소위 ICBAM(IoT, Cloud, Big Data, AI, Mobile)로 불리우는 신기술을 기반으로 사회 제 분야를 혁신적으로 변화시키고 있는데 이러한 신기술 중 최근 각광받고 있는 것이 인공지능(AI)이다.*

---

* '제4차 산업혁명' 용어는 2016년 세계 경제 포럼(WEF: World Economic Forum)에서 회장인 클라우스 슈밥(Klaus Schwab)에 의해 처음으로 언급
* 김상윤. 기업은 어떻게 AI를 도입하는가? POSRI 이슈리포트. 2019. 1.24. p.3

지난 2016년 많은 이들에게 충격을 주었던 알파고(Alpha Go)의 등장이후, 인공지능은 생소함의 영역에서 익숙함의 영역으로 전환되고 있다. 인공지능이 최근 주목 받는 이유는 다양한 분야에서 과거에는 할 수 없었고, 기대하지 못했던 성능을 보이기 때문으로, 기존보다 좋은 삶을 인간이 영위할 수 있도록 만들 수 있다는 기대가 인공지능에 투영되고 있다. 이러한 긍정적 인식과는 별개로 인간의 일자리를 대체할 것이라는 현실적 문제부터, 종국에는 인간을 지배할 것이라는 막연한 불안까지 다양한 우려가 나올 만큼 인공지능에 대한 공포와 두려움 역시 인간의 의식체계 내에 공존하고 있다.

그러나 인공지능으로 인해 과거에는 상상의 영역에 머물렀던 다양한 미래가 현실로 나타나고 있음. 즉, 인공지능으로 인해 사회는 발전하고 있으며, 이는 문화의 영역에서도 마찬가지이다.

---

* 박승태·정해동·이승철. 2017. 기계공학에서의 인공지능 적용 사례.
  기계저널 53(3). pp.30-33

1) 인공지능의 개념과 발전과정 및 현황

가. 인공지능의 개념

  인공지능은 사람처럼 생각하고, 행동할 수 있다는 것이 기본적 인식으로 내재되어 있으나 사회 각 분야에 적용되는 정도의 차이로 인해 학자, 전문가, 관련 기업들마다 다양하게 정의되고 있다(표 1 참조). 그러나 기계가 인간처럼, 인간과 같은 또는 유사한 행위를 통해 문제를 해결하거나 기존 지식을 발전시키는 것으로 의미를 공유하고 있다. 즉, 인공지능은 컴퓨터를 활용해서 인간이 할 수 있는 업무들을 빠르고 더 잘할 수 있게 하는 것으로 볼 수 있다(제리 캐플런, 2017 동아 이코노미 서밋 기조연설).

<표 1> 인공지능에 대한 다양한 정의

구 분	개 념
John McCarthy (1956)	기계를 인간 행동의 지식에서와 같이 행동하게 만드는 것
과기정통부 (2018)	인지, 학습 등 인간의 지적능력(지능)의 일부 또는 전체를 '컴퓨터를 이용해 구현하는 지능
한국융합안보 연구원(2017)	기억, 지각, 이해, 학습, 연상, 추론 등 인간의 지성을 필요로 하는 행위를 기계를 통해 실현하고자 하는 학문 또는 기술을 총칭
SAS	기계가 경험을 통해 학습하고 새로운 입력 내용에 따라 기존 지식을 조정하며 사람과 같은 방식으로 과제를 수행할 수 있도록 지원하는 기술
Gartner(2018)	사람과 자연스러운 대화를 나누고, 인간의 인지 능력을 향상 시키거나, 반복적인 작업 수행 시 사람들을 대체함으로써 인간을 모방하는 기술
한국정보화 진흥원	인공지능은 인간의 학습능력과 추론, 지각, 이해능력 등을 실현하는 기술

이러한 인공지능은 문제해결 범위·역량에 따라 '강 인공지능'과 '약 인공지능'으로 구분할 수 있다.

강 인공지능(Strong AI) 유사한 용어로 AGI(General AI)가 있으며, 인간이 할 수 있는 모든 지적 작업을 기계가 성공적으로 해낼 수 있음을 의미(Mark Dimmick, Will artificial interlligence bring a new renaissance?, CIO. 2018. 5.15.)

이란 정해진 규칙을 벗어나 능동적으로 학습하며, 알고리즘 설계 시 스스로 데이터를 찾아 학습하는 등 다양한 분야에서 보편적인 인 지능력과 활용능력 보유한다. 즉, 인간과 대등하거나 더 높은 지능을 가지며, 자의식을 가지고 있는 인공지능으로 사람처럼 생각하는 기계를 만드는 기술이다. 이에 반해 약 인공지능(WeakAI)*은 정해진 규칙을 벗어나지 못하며, 알고리즘에 더하여 기초 데이터와 규칙을 입력해야 학습할 수 있는 특정분야에서만 활용되는 수준의 로봇에 탑재되는 인공지능이다.*

---

* 과학기술정보통신부(2018. 5), I-Korea 4.0 실현을 위한 인공지능(AI) R&D 전략
* (사)한국융합안보연구원(2017. 3.), 「국방 인공지능(AI) 활용방안 연구」
* http://www.sas.com
* 전문가들에 따라서는 '초 인공지능(Super AI)'을 별도로 분류하기도 함.
 '초 인공지능'은 '강 인공지능'이 진화한 형태로 인간보다 1,000배 이상 뛰어난 지능을 가지며, 끊임없이 자가발전을 하는 것 등으로 정의됨(디지털타임즈, 2017. 4.17).
 본 고에서는 '강 인공지능'에 해당 내용을 포함시켜 설명함
* 유사한 용어로 ANI(Narrow AI)가 있으며, 기계가 인간으로부터 주어진 하나의 목적이나 좁은 영역의 업무 처리만 가능함을 의미
* 백수원, '헌법상 인공지능 규제의 범위와 방향에 대한 시론적 고찰' 미국헌법연구 29(2). 2018. 8.

즉, 인간의 지능을 모방하여 인간이 정해준 특정한 문제들만 해결할 수 있는 기술이라 할 수 있다. 현재 활용되고 있는 인공지능의 대부분은 '약 인공지능'이며 의료영역, 금융영역, 개인비서, 구글번역, 페이스북 추천 기능 등 주어진 역할만 수행하는 형태로 개발 및 운영* 이상길. 국내외 AI 활용 현황과 공공 적용. ICT SPOT ISSUE. 2018.12. 되고 있다. 즉, 특정 영역에 한정하여 사람의 명령과 지시를 이행하는 방식으로 추진된다.

나. 인공지능의 등장과 발전

인공지능은 영국의 수학자 앨런 튜링(Alan Turing)의 1950년 논문에 기원하는데, 개념적 정착은 1956년 메카시(John Mccathy) 이후 민스키, 레쿤, 제프리, 힌튼 등에 의해 이루어지게 된다. 그러나 6~70년대 성장 둔화되면서 일명'인공지능의 암흑기'를 보내게 되지만 90년대 들어서면서 IBM의 인공지능 프로그램인'Deep Blue'가 세계 체스챔피언에게 승리하게 되면서 관심이 크게 증가하게 되었다. 2000년대 중반 이후 딥러닝 등의 학습 알고리즘 개선과 하드웨어 인프라 환경 개선 등에 힘입어 비약적으로 발전하였으며, 특히 2016년 알파고의 등장으로 인간을 능가하는 인공지능의 출현을 우려할 정도의 수준까지 발전하고 있음을 확인하고 있다.*

---

* 이상길. 국내외 AI 활용 현황과 공공 적용. ICT SPOT ISSUE. 2018.12.
* A. M. Turing (1950) Computing Machinery and Intelligence. Mind 49: 433-460
* 박승규. 인공지능 기술동향. 주간기술동향 2018.8.29

<표 2> 인공지능의 발전과정

연 도	개 념
1950	튜 링 : 논문 "계산기계와 지성"을 통해 인공지능 논의의 시발점 제시
1956	메커시 : 인공지능 개념 정의 및 발전 논의 (다트머스 회의)
1970	민스키 : 인간상식을 보유하는 인공지능을 가질 것이라 선언
1984	도그레나 : 상식능력을 가진 초기 인공지능 '싸익(Cyc)' 발표
1987	레쿤&힌튼 : 패턴인식에서 'Neural Network)' 효용성 입증
1997	IBM 'DEEP BLUE' : 세계 체스챔피언에 승리
2011	IBM 'Watson' : 퀴즈쇼 'Jeopardy' 우승
2012	Neural Networks가 컴퓨터 이미지 인식대회에서 우승하며 DNN(Deep Learning Neural Networks) 시작
2014	Google, Tesla 초기버전의 자율주행자동차 기술 발표
2014	페이스북 얀 레쿤 교수와 '딥페이스' 알고리즘 개발
2016	DeepMind 구글 'AlphaGo' 바둑 챔피언 이세돌 상대 승리

▲자료: 이상길. 국내외 AI활용 현황과 공공 적용.
ICT SPOT ISSUE, 2018.12. 7 p.2 내용 일부 수정 및 표로 재정리

최근 인공지능 개발 트렌드는 〈그림 1〉과 같이 2006년 '딥러닝' 방법론이 등장하면서 기존 기계학습 방법론에 비해 압도적인 성능을 나타내기 시작하였으며 인간의 개입도 획기적으로 줄어들게 되었다. 과거 오랜 시간 소요되었던 기계학습 과정은 컴퓨팅 성능, 알고리즘 진화 등을 통해 단기간 처리가 가능해졌으며, 방대한 데이터를 통해 마치 실제 세상 속에서 인간처럼 정보를 인지하고 학습해 지식으로 발전시켜 나가기 시작하였다. 딥러닝(Deep Learning)으로 인한 인공지능의 발전은 인지, 학습, 추론과 같은 인간 지능 영역의 전 과정에 걸쳐 혁신적인 진화를 가져 왔으며, 인지(시각/언어) 영역에서는 이미 인간 능력 이상의 수준으로 구현되고 있다.

즉, 단순히 인지능력에서 벗어나, 인지한 환경 속에서 최적의 답을 찾아내고, 여기에 스스로 수행한 학습을 더해 추론 및 예측을 하며, 향후에는 문제를 스스로 발견하고 해결하는 행동 단계에 이르기까지 다양한 분야의 연구와 투자가 활발히 진행되고 있다.

---

* 나영식 · 조재혁. 인공지능(SW). KISTEP 기술동향브리프, 2018-16호. p.5
* 국경완. 인공지능 기술 및 산업 분야별 적용 사례. 주간기술동향. 2019. 3.20.

〈그림 1〉 인공지능 SW 기술 트렌드의 변화

▲자료: 이승훈. 최근 인공지능 개발 트렌드와 미래의 진화방향.
LG경제연구원, 2017. 12.

다. 인공지능의 분류

① 지능수준에 따른 분류

인공지능은 지능수준에 따라 단순제어프로그램, 고전적 인공지능, 머신러닝, 딥러닝 등 크게 4단계로 구분할 수 있다.

1단계는 단순 제어 프로그램을 탑재한 전자제품으로 전자레인지, 세탁기 등에 사용되는 자동화 기능이 대표적이다.

2단계는 적절한 판단을 내리기 위해 추론·탐색하거나, 기존에 보유한 정보를 기반으로 판단하는 시스템으로 간단한 퍼즐 해결, 진단 프로그램 등을 들 수 있는데 고전적 의미의 인공지능이라 이해할 수 있다.

3단계는 머신러닝으로 정제된 데이터를 바탕으로 학습하고 문제해결 방안을 판단하는 인공지능 시스템이다.

4단계는 딥러닝으로 대규모의 데이터를 자동적으로 학습하고, 복잡한 문제 해결을 위하여 사용되는 인공지능 시스템이다.

---

* 마쓰오 유타카. 인공지능과 딥러닝. 동아엠앤비. 2015.12

② 기술에 따른 분류

 인공지능은 컴퓨터 공학은 물론 수학, 철학, 심리학, 언어학, 생물학, 로봇 등 다방면에 걸쳐 있는 만큼 다양한 인공지능 기술이 개발되었는데 크게 발견적 방법, 전문가시스템, 인공신경망 등으로 분류할 수 있다.

발견적 방법(Heuristic Method)은 정확한 논리와 알고리즘으로 모든 경우의 수를 고려하여 완벽한 해답을 구하기보다는 탐색기준을 세워 일정 시간 내에 찾을 수 있는 최적의 해답을 구하는 것이다.

전문가 시스템(Expert System)은 인간 전문가의 지식을 컴퓨터에 입력하여 데이터 시스템을 구축한 다음 다양한 추론 엔진이나 데이터 마이닝 기술을 통해 활용하는 것이다.

마지막으로 인공신경망(Artificial Neural Network)은 사람의 뇌를 그대로 모방하여 만드는 것으로. 인간두뇌는 1,000억 개의 뉴런(Neuron)으로 구성되어 있는데, 각 뉴런은 외부 자극을 받아 전달하고 뇌가 이를 인식하여 반응하는 신경체계를 모방하는 것이다.

---

* 진태, 인공지능 기술로 구현될 지역사회 정보서비스. 지역정보화이슈리포트 제3호. 2016. 5.25.

2) 국내외 동향

 인공지능은 4차 산업혁명 시대 '초 연결(Hyper-Connectivity), 초 지능(Hyper- Intelligence)' 사회를 구현하는 핵심 도구로서 그 중요성이 크게 증대되고 있는데 4차 산업혁명의 파괴적 제품, 혁신적 서비스 구현에는 AI 기술의 기여도가 가장 높다. 아울러 인공지능의 시장 규모는 2018년 U\$1.2조에서 2022년 U\$3.9조에 이를 것으로 전망되며, 타 기술 대비 AI로 인한 기업경영 변화가 가장 클 것으로 예상된다([그림 2], [표 3] 참조).

〈그림 2〉 AI 글로벌 시장규모 (단위:십억\$)

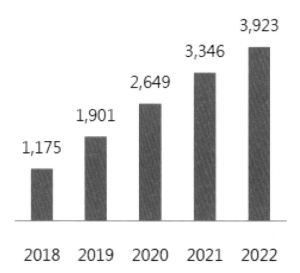

* 김상윤. 기업은 어떻게 AI를 도입하는가? POSRI 이슈리포트. 2019. 1.24. pp.4-5

〈표 3〉 주요 기술의 비즈니스 영향력

비즈니스 영역	AI	Block Chain	Cloud	IoT
제품, 서비스	50%	31%	44%	43%
고객경험	47%	25%	41%	39%
공급망 관리	33%	28%	38%	37%
경영, 의사결정	39%	25%	38%	34%

▲ 김상윤. 기업은 어떻게 AI를 도입하는가?. POSRI 이슈리포트, 2019. 1.24. p.5

이러한 인공지능의 중요성으로 인해 주요 선진국들과 세계적인 기업들은 인공지능의 발전을 다양한 노력을 기울이고 있음

① 주요국 추진 동향

주요국들은 정부차원에서 인공지능의 장기적 R&D 투자, 법/규제 개선, 인력양성 등의 정책 환경을 마련하고, 산학연관 R&D 협력 체계 구축을 통해 인공지능 생태계를 활성화하는데 주력하고 있다. 단, 국가별 중점을 두는 핵심 분야는 일부 차이가 있는데** 미국의 경우 정부의 장기적·선제적 투자를 토대로 인공지능 관련 원천기술 확보 및 핵심 기술개발과 인재양성을 추진하여 민간의 경쟁력이 강화될 수 있도록 적극 유도하고 있다. 이에 반해 중국의 인공지능 전반의 핵심기술 향상 및 글로벌 시장 선점을 위해 정부 주도 대규모 투자 및 인력양성을 추진 중이다. 한편 일본과 프랑스의 경우 국가 경제·사회 혁신의 수단으로 인공지능에 주목하고, 연구거점 및 개방형 인공지능 R&D플랫폼을 구축, 인공지능 연구허브 조성 등의 조성을 통한 인공지능 기술혁신을 가속화하고 있다([표 4] 참조).*

* 권영만. 국내외 인공지능 R&D 정책 동향. 융합연구리뷰. vol 5. 2019. 1.
* 정보통신과학기술부, I-Korea 4.0 실현을 위한 인공지능(AI) R&D 전략. 2018. 5.
* 나영식·조재혁. 인공지능(SW). KISTEP 기술동향브리프, 2018-16호. p.30

〈표 4〉 주요 국가별 인공지능 주요 추진 내용

국가	주요보고서/전략	핵심전략 및 목표	주요 담당기관	주도 주체	우선 육성분야	예산(~'22)
미국	1. 국가 인공지능 R&D 전략계획 2. 인공지능 미래를 위한 준비 3. 인공지능, 자동화, 그리고 경제 4. 미국민을 위한 인공지능	1. 인공지능 R&D 예산 우선 지원 2. 인공지능 혁신을 위한 규제 장벽 제거 3. 미래 인재 양성 4. 전략적 군사 우위 확보 5. 정부 서비스 부문 인공지능 기술 활용 6. 국제적 인공지능 협상 주도	백악관 머신러닝 및 인공지능 소위원회	민간	산업	(추정) 연간 약 11억 $ (약 1.24조원)
중국	1. 중국제조2025 2. 인터넷+인공지능 3개년 행동 실행방안 3. 차세대 인공지능 발전계획 4. 차세대 인공지능 산업 발전 촉진 3개년 행동계획('18~'20)	1. 지능-네트워크 연결 제품개발 2. 인공지능 핵심 기반 시스템 개발 3. 스마트 제조 공정 개발 4. 인공지능 개발 환경 개선	중국공업신식화부	정부	산업	연간 350억 위안 (약 6조원)
일본	1. 인공지능기술전략 2. 인공지능 R&D 가이드라인	1. 서비스를 위한 인공지능 2. R&D 프로젝트 추진 3. 인력양성 4. 데이터 공유 환경 조성 5. 스타트업 지원 6. 인공지능 기술 이해 향상을 위한 교육	인공지능 기술전략 위원회, 내각부 인간중심 인공지능 사회원칙 검토회의	정부	공공	(추정) 연간 약 772억 원(약 772억엔)
프랑스	1. 이미 있는 인공지능을 위해: 프랑스와 유럽의 전략 2. 인류를 위한 인공지능	1. 국가 인공지능 프로그램 마련 2. 오픈 데이터 정책 마련 3. 정부 차원 인공지능 법안 및 금융 제도 마련 4. 정부 차원 인공지능 윤리 법안 마련	정부	정부	공공	5억 유로 (약 1.92조원)

▲자료: 권영만. 국내외 인공지능 R&D 정책 동향. 융합연구리뷰. vol 5. 2019. 1. p.68 표 재구성

② 주요기업 추진동향

　글로벌 IT업체들인 마이크로소프트, 구글, IBM, 페이스북, 애플 등 글로벌 주요 기업들 역시 인공지능 관련 시장 선점을 위해 다각적 노력을 기울이고 있다. 이들 주요기업들은 인공지능 기술의 중요성을 인지하고 지속적인 연구개발과 M&A를 통해 기술을 축적하고, 자사의 다양한 서비스, 제품 산업에 적용을 시키면서 혁신적인 산업의 창출을 의료와 금융, 교육, 법률 서비스 등을 적극 추진 중이다([표 5] 참조).

---

* 석왕헌 · 이광희. 인공지능 기술과 산업의 가능성.
  ETRI Issue Report. 2015.10.30. pp.30-31
* 김지룡 · 심경수. 인공지능. 성루시산학연협력포럼 이슈보고서 vol.2. 2018. 4

〈표 5〉 주요 기업별 인공지능 주요 추진 내용

기 업	주요내용
IBM	- 왓슨을 이용한 지식산업 - 왓슨 기반 로봇 '코니(Connie)' 서비스(힐튼호텔 안내) 시작 - 왓슨 기반 로봇 '나오미(Nao-mi)' 한국에 처음 공개 - '메디컬 시브(sieve)'라는 의료용 알고리즘 개발 진행
아마존	- 음성인식 AI 플랫폼 알렉사를 적용한 기기 'Echo'로 시장 확대 - 알렉사 적용범위 확장(온라인쇼핑, 사물인터넷, 자율주행자동차 등), 포드와 협력해 알렉사의 음성인식 서비스 제공 - '알렉사 스킬' 활용 서비스 1만개를 돌파하여 거대 '아마존 AI 생태계' 구축 중 - 미국 물류창고 20곳 4만5000대의 로봇이 임무 수행 - 딥러닝을 활용한 계산대 없는 매장, '아마존 고' 출시
MS	- 하노버 프로젝트 진행 (종양의 상태 분석, 약물치료 옵션 제공) - AI 자연어 처리 기술 '루이스' 활용 - 음성인식 코타나 기술 활용 및 이를 안드로이드 iOS 등에 활용 모색 - AI 기상캐스터 샤오빙 개발
구글	- Deep Mind 등 총 9개 인공지능 관련 기업 인수 　→ 알파고와 같은 AI 로봇 개발 - JF Hinton AI 등 전문가 영입 - 세바스천 스런 교수팀과 크리스 엄슨 교수팀 등 자율주행자동차 전문가 영입 - Deep Mind의 차기 프로젝트는 헬스케어로 발표 - 스마트홈 서비스를 제공하는 음성인식 AI 기기인 구글 홈 공개 - AI 기술이 적용된 모바일 메시지 앱 '알로'와 모바일 영상통화 앱 '듀오' 공개 - AI 서비스를 접목한 스마트폰 '픽셀' 공개 - G-Mail메일에 기계학습을 적용한 자동답신 기능 제공 - 영국 국립보건의료서비스(NHS)에 등록된 160만명 의료정보, AI에 학습
애플	- 러스 살라쿠트디노프를 인공지능 책임자로 영입 - 머신러닝 벤처기업인 투리(Turi)와 AI 분야 스타트업 6개 인수 - AI 스타트업 래티스 데이터 인수, 의료 분야 사업 추진 - 음성인식 '시리' 애플 전 분야 활용 - AI 스피커 '홈팟' 소개

◀자료: 이상길. 국내외 AI 활용 현황과 공공 적용. ICT SPOT ISSUE. 2018. 12. p.10~11

3) 인공지능을 둘러싼 논란

인공지능은 앞서 언급한 바와 같이 불확실성이 강한 미래를 현실적·가시적 영역으로 전환 즉, 불확실한 미래를 가능하게 미래를 획기적으로 변화시키는 것에 대한 만능키로 인식, 소개 되고 있다. 그러나 다른 한편으로는 인간의 일자리 상당수를 빼앗아 가는 게 아닐지, 인공지능이 폭주하여 기계가 인간을 통제하는 사회로 전환될지도 모른다는 등 인공지능에 대한 우려와 불신의 시각 역시 존재하고 있다.

가. 인공지능의 부정적 측면

인공지능은 시민에 대한 무차별적인 감시와 통제, 일자리, 기술적 한계 등에 대한 다양한 우려들이 있다. 이상길. 국내외 AI활용 현황과 공공 적용. ICT SPOT ISSUE, 2018.12. 7. p.28

① 인간 노동의 사회적 가치 약화

업무의 자동화라는 측면에서 단순 반복적 업무 관련 인공지능의 효율이 인간보다 높아지게 되면서 인공지능에 의한 인간의 일자리 대체가 현실화 될 수 있다. 이는 일자리의 감소에 국한되는 것이 아니라 인간 노동의 질, 시간, 범위, 영향력까지 축소되는 등 인간 노동의 전반적인 가치 약화가 불가피해 보이는 것도 사실이다. 극단적으로는 소수의 상위 기업가나 기술자 그룹을 제외한 대부분의 노동인력들은 잉여 인력화 될 수 있다는 의견도 제시되고 있다.

---

*이상길. 국내외 AI활용 현황과 공공 적용. ICT SPOT ISSUE, 2018.12. 7. p.28
*한국정보화진흥원, 4차산업혁명, 대한민국의 미래를 찾다. 2018. p.37

> • 인공지능은 스스로를 개량하고 도약할 수 있는 반면, 인간은 생물학적
> 진화 속도가 늦어 인공지능과 경쟁할 수 없고 대체되고 말
> (스티븐 호킹)

② 시민 감시와 통제

지능화된 CCTV를 통하여 시민에 대한 무차별적인 정보접근과 통제 즉, 조지오웰의 1984와 같이 '텔레스크린'을 통해 시민을 24시간 감시와 통제할 수 있다. 실제 딥블루, 알파고, 왓슨 등을 통해 인공지능은 인간의 역량을 뛰어넘기 어려울 것이라는 기존 상식을 뛰어넘고 있다. 그 결과 인공지능이 인간의 통제에서 벗어나 오히려 인간을 통제 및 지배할 것이라는 불안감 발생하고 있다.

> • 인공지능(AI)는 금세기 최대의 위협으로서 인류를 멸종시키게 될
> 것(셰인 레그 딥마인드 공동창업자)
> • 인공지능의 실제 위험은 '악의'가 아니라 '능력'임. 인공지능으로 인류
> 종말이 올 수 있음(스티븐 호킹)
> • 인공지능은 인류문명의 존재에 가장 큰 위협이 될 것. 벼을 예방하기
> 위한 선제적 규제 필요(엘론 머스크)

③ 윤리적 판단의 불가능성

자율주행자동차의 트롤리의 딜레마와 같이 인공지능은 인간과 같은 윤리적 판단이 어려울 수 있다.*

④ 잘못된 정보의 전달

언어의 오역(誤譯) 등으로 인한 의도치 않은 정보의 왜곡으로 개인과 공공의 일상 및 업무 등에 심각한 악영향을 미칠 수 있다.

> • 미국 대선 당시 신문기사 헤드라인 "힐러리가 (버니 샌더스)를 꺾었다(Hillary slams the door on Bernie)"를 일반적인 기계번역 서비스를 이용해 벵골어로 번역한 후, 이를 다시 영어로 번역시킨 결과 "바니가 클린턴을 꺾었다(Barney slam the door Clinton)"로 오역(James Guszcza, Harvey Lewis, Peter Evans-Greenwood, 인지적 협동, Deloitte Review)

---

*이상길. 국내외 AI활용 현황과 공공 적용. ICT SPOT ISSUE, 2018.12. 7. p.28

나. 인공지능의 긍정적 측면

인공지능 기술이 각종 산업 영역에 본격적으로 적용되기 시작하며 생산성 및 효율성 증대, 편리성 향상 등 각종 긍정적 효과를 일으키고 있다.* 구글(Google)은 딥마인드(Deep Mind)라는 딥러닝 기술을 활용해 데이터 센터 냉각 전력 40% 감소시켰고, 지멘스(Siemens)는 독일 암베르그(Amberg)에 있는 스마트 공장의 자동화 및 관리에 인공지능 기술을 적용하여 불량률을 0.001% 수준으로 낮추고 기존 대비 약 30% 에너지 절감하였다. 로스 인텔리전스(ROSS Intelligence)는 IBM의 왓슨(Watson)과 연계한 법률 지원 인공지능 프로그램을 개발하여 법률 전문가의 사전 조사 분석 시간을 30% 정도 감소시키고 있다.

아울러 인공지능은 사람이 기존에 하지 않았던 다른 일을 할 수 있는 기회를 만들어주는 만큼, 새로운 방식으로 부를 창출하도록 돕는 역할을 할 수 있다.

---

*김윤정. 인공지능 기술 발전에 따른 이슈 및 대응 방안.
KISTEP Issue Weekly. 2018-34. p.4.

다. 소결

　인공지능 기술은 발전 속도가 빠르고 응용 분야가 방대하여 향후 산업적 영역 뿐 아니라 우리 일상생활 영역에서도 큰 피급효과를 가져올 것이다. 인공지능 기술 발전과 활용이 올바른 방향으로 이루어지지 않을 경우, 우리 사회에 끼치게 될 부정적 영향력도 클 것으로 예상된다. 그러나 인공지능은 일반적으로 인류의 발전을 위해 반드시 필요한 기술로 인식의 증진이 이뤄지고 있다. 즉, 인공지능은 인간 개인은 물론 사회 전반에 긍정적 변화를 이끌어 낼 수 있다는 기대가 큰 기술이다. 따라서 인공지능에 대한 불필요한 오해를 극 복하고 인공지능에 대한 생산적 자세를 갖는 것이 필요하다.

*김윤정. 인공지능 기술 발전에 따른 이슈 및 대응 방안.
　KISTEP Issue Weekly. 2018-34. pp.4-5.

4)인공지능과 문화

 문화는 자연 상태에서 벗어나 삶을 풍요롭고 편리하고 아름답게 만들어 가고자 사회 구성원에 의해 습득, 공유, 전달 되는 행동 양식이다(다음 국어사전, http://dic.daum.net). 즉, 문화는 사회적 가치와 개인의 가치의 조화를 통해 일상의 풍요로움을 증진시킬 수 있는 매우 중요한 수단으로 작용하고 있으며, 이러한 문화의 실질적 체감을 위한 방안의 지속적 강구하는 것이 필요하다. 이를 위해 이미 4차 산업혁명 기술에 기반한 기술 즉, 사물인터넷, 빅데이터 등을 문화에 적용하기 위한 다양한 움직임이 나타나고 있다. 이러한 움직임들은 결과적으로 국민들의 다양한 문화수요를 충족시켜 삶의 질 향상에 이바지하게 될 것이며, 이러한 활동이 곧 문화정보화의 과제이자 미래가 될 것임은 자명하다.

그러나 4차 산업혁명 기반 여타 첨단 기술들과는 달리 문화분야 있어서 인공지능은 창작의 위기 등 문화발전의 위협요인으로 주로 언급되고 있을 뿐, 발전 또는 도약을 위한 기회요인으로 대두되고 있지 못하고 있다. 인간이 기획한 프레임 내에서만 작동하는 즉, 인간이 쉽게 통제할 수 있는 다른 기술들과 달리, (강인공지능의 개념을 빌리자면)인간이 통제하기 어렵다는 기술적 특성과 창의성과 독창성이 기반이 되는 문화의 성격 간의 불일치에 기인된다고 판단 된다. 그러나 인공지능은 4차 산업혁명의 핵심 기술로, 문화분야 발전의 긍정적 기재로서 국민들이 고급문화를 보편적으로 누릴 수 있게 하는데* 중요한 역할을 할 수 있다.

따라서 문화의 창작, 문화의 이용, 그리고 문화의 보존 등 문화분야의 발전을 위한 수단으로 인공지능에 대한 관심은 매우 필요하다.

가. 인공지능시대 문화의 중요성

 인공지능 등 기술의 발전과 관련하여 주목할 부분은 기계가 노동을 대신함으로서 인류가 갖게 될 여가시간이 증가한다는 점이다. 인공지능의 발전은 사람들의 소득 수준을 높이고 삶의 질을 향상시킬 것이며 경제 성장이 촉진될 것이라 예상된다. 아울러 인간은 생계를 위한 직업에서 해방되어 인간의 능력이 창의력 르네상스로 이어질 것이라 예측되고 있다.

특히 이러한 경제적 변화는 소비패턴, 일과 여가에 사용하는 시간 등 개인의 삶에 많은 변화를 가져올 것으로 예상된다.[*]

 즉, 이렇게 인공지능의 발전으로 나타나게 될 삶의 변화는 문화의 생산과 향유의 방식에 근본적 변화를 가져올 것이다.[*]

---

[*] 한국문화정보원, 2016 문화정보화백서. p.26.
[*] Klaus Schuweb 외, 김진희 외 옮김, 4차 산업혁명의 충격: 과학기술 혁명이 몰고 올 기회와 위협, 서울: 흐름출판, 2016, 19-26쪽; 박영숙 Jerome Glenn, 세계미래보고서 2050, 서울: 교보문고, 2016, 34쪽
[*] 김희선. 2017. 4차 산업혁명과 인공지능시대 전통예술의 미래전망과 과제. 한국예술연구 제16호: 15-16

나. 문화분야의 인공지능의 활용

인공지능의 응용영역은 다양한 현실 문제를 해결 할 수 있는 영역으로 IT 분야를 비롯해 헬스케어, 자동차, 금융, 에너지, 제조업 등 全 산업에 걸쳐서 인공지능 기술이 이용될 수 있다([표 6] 참조).

〈표 6〉 주요 분야별 인공지능 서비스

분 야	주요내용
헬스케어	- 환자 데이터 분석을 통한 정확한 진단 지원 - 잠재적인 전염병의 조기 발견 - 의료 영상 처리 · 진단 분야(Imaging diagnost -ics)
자동차	- 완전 자율주행 자동차 - 운전자를 보조하는 반자동 기능의 자동차 - 엔진 모니터링 및 상황 예측, 자율적인 유지 보수
금융	- 개인 맞춤형 재무 설계 - 사기 탐지 및 자금 세탁 방지 - 고객 업무의 자동화
교통 · 물류	- 자동 운송 트럭과 배송 서비스 - 교통 통제 및 혼잡 감소 - 향상된 보안
미디어 · 통신	- 미디어 저장, 검색 및 컨텐츠 추천 서비스 - 고객 맞춤화된 컨텐츠 제작 - 개인 맞춤형 마케팅 및 광고 서비스
소매업 및 소비자 영역	- 개인화된 디자인 및 제작 - 고객 수요 예측 - 재고 최적화 및 납품 관리
에너지	- 스마트 미터링(스마트 에너지 관리 시스템) - 스마트 그리드 및 에너지 저장 시스템 - 예측 기반 인프라 유지보수 기능
제조업	- 모니터링 및 프로세스 자동 수정 기능의 강화 - 공급망 및 생산 시스템 최적화 - 주문형 생산 시스템

▲자료 : PwC(2018), '2018 AI predictions'

* 석왕헌 · 이광희. 인공지능 기술과 산업의 가능성.
  ETRI Issue Report. 2015.10.30. p.15

이렇듯 다양한 분야에서 인공지능의 적용이 활발히 이뤄지고 있으나, 문화 분야와 관련해서는 인공지능 이용에 대한 논의는 상대적으로 적은 편이다. 그러나 인공지능의 지속적 발전으로 문화분야에 있어서도 인공지능의 역할이 점차 확대되고 있다. 문화분야에서 인공지능 활용 현황을 살펴보면 다음과 같음***

① 음악 분야

도냐 퀵 예일대학교 컴퓨터공학과 교수는 음악 데이터를 통해 음악 규칙과 조합을 학습한 뒤 새로운 음악을 만들어낸 '쿨리타(Kulitta)'라는 인공지능 프로그램을 개발하였는데 쿨리타와 사람의 작곡 음악을 100명에게 들려 준 결과, 더 많은 사람이 쿨리타의 곡을 사람의 곡으로 선택하였다.

소니 컴퓨터 과학 연구소(Sony Computer Science Laboratory)가 개발한 인공지능 '플로우 머신즈(Flow Machines)'는 데이터베이스 'LSDB'에 저장된 13,000여곡을 학습한 후에, 사용자가 원하는 음악 스타일에 맞게 작곡한다.

---

* 김윤정, 윤혜선. 인공지능 기술의 활용과 발전을 위한 제도 및 정책 이슈. KISTEP ISSUE PAPER. 2016 : 25~27
* 이정미. 4차산업혁명시대, 문화예술의 변화와 전망.
* 강동식. 창작하는 인공지능… AI시대의 창작, ITFIND. 2017

② 문학 분야

카르멜 앨리슨이라는 소프트웨어 엔지니어는 19만 개 단어의 어휘력을 바탕으로 1분에 시 한 편을 쓸 수 있는 인공지능 시스템 개발. 구글도 시의 앞뒤 문구를 주면 사이에 들어갈 시를 만들 수 있는 인공지능 개발하였다.

일본 미래대학 하코다테 교수는 2016년 인공지능 기술로 작성한 A4 용지의 3장 분량의 '컴퓨터가 소설을 쓰는 날'이라는 소설 출품하여 일본 SF 문학상 (호시신이치상(星新一賞) 1차 심사를 통과하였는데 심사위원들도 이 소설이 인공지능이 쓴 것이란 것을 알지 못할 정도였다.

③ 미술 분야

구글은 고흐 등 특정 화가의 화풍을 분석해 새로운 그림을 그릴 수 있게 한 인공지능 '딥드림(Deep Dream)' 을 개발, 몽환적이고 초 현실적인 추상화를 만들어 냈다.

마이크로소프트와 네덜란드 델프트공과대학, 그리고 렘브란트미술관은 공동으로 인공지능 '넥스트 렘브란트(The Next Rembrandt)'를 개발, 18개월간 렘브란트의 작품 346점 분석 후에 3D 프린터를 이용하여 렘브란트 작품 느낌의 초상화를 재현하였다.

④ 신문기사

서울대 이준환 교수 연구팀은 2014년부터 알고리즘 기반으로 단문 형태의 야구 기사를 생성하는 연구를 시작해, 현재 1500자 정도의 기사를 작성할 수 있는 기사 작성 알고리즘 '야알봇'을 개발하였다.

⑤ 영화, 드라마 시나리오

미국 소프트웨어 개발자 앤디 허드는 인공지능에 기존의 프렌즈 대본을 학습시킨 후에 새로운 에피소드를 작성하도록 했는데, 실제 프렌즈의 주인공들이 구사한 것과 유사한 유머코드와 원작과 유사한 수준의 대본을 만들어 내었다.

영화 작가 오스카 샤프, 인공지능 연구자 로스 굿윈이 인공지능에게 고스트버스터즈, 블레이드 러너, 엑스파일 같은 SF 영화와 드라마를 학습시키고 시나리오를 만들게 하였는데 인공지능이 만든 이 시나리오는 '선스프링(Sunspring)'이라는 단편영화로도 만들어졌다.

⑥ 요리, 패션

IBM 왓슨은 알고리즘이 학습한 수많은 요리들의 재료들 간 맛의 어울림, 영양소 및 문화성 등을 고려, 기존 요리에서는 볼 수 없었던 새로운 요리법이 담긴 요리책을 발간하였다.

스페인의 '로봇공학·산업정보학 연구소'와 미국 토론토대학 연구팀은 딥뉴럴 네트워크와 통계 모델링을 이용, 패션포스트 데이터를 학습하여 계절, 유행, 취향에 맞게 옷을 코디해 주는 트렌드 분석 인공지능 시스템을 개발하였다.

⑦ 문화해설(도슨트)

한국문화정보원은 대표적 인공지능 기술인 NLU(Natrual Language Understanding, 자연어이해)기술을 활용한 함으로써 하는 자율주행 로봇인 '지능형 멀티 문화정보 큐레이팅 봇' 사업을 추진하고 있는데 지능형 멀티 문화정보 큐레이팅 봇은 박물관, 도서관 등에서 관람객의 대화를 인지하여 자연스러운 안내 및 전문 규레이팅 서비스를 제공하고 있다.

⑧ 소결

문화분야에서 인공지능은 공통적으로 기존의 작품들의 학습을 통해 기존 작품 스타일과 유사한 수준의 작품을 생산하고 있다. 그러나 인공지능 기술의 발전에 맞춰 점차 상황과 맥락에 맞는 새로운 작품을 창출하는 수준으로 발전 중이다.

물론, 인간과 같은 영감과 감성(즉, 인간성)을 바탕으로 새로운 것을 창작해내지 않지만, 인공지능이 다양한 영역에서 재현하고 있는 기술의 수준은 언젠가는 인간 고유의 것이라고 믿고 있는 창의적 영감과 감성의 영역에 도달할 수 있을 것임은 분명하다.

---

* 이정미. 4차산업혁명시대, 문화예술의 변화와 전망.

5) 문화에 새로운 기회를 제공하는 인공지능

산업의 급속한 발전은 일의 효율성 향상, 그리고 노동자의 권익이라는 측면 등으로 인해 근무일이 점차 줄어드는 변화가 나타났고, 이는 곧 여가를 통한 삶의 여유를 즐기고자 하는 욕구가 증진되기 시작하였다. 실제 주 5일 노동으로 생활양식이 변화되고 '주말'이라는 시간이 생겨나면서 사람들의 시간 소비 패턴이 달라지고, 레저 활동이 폭발적으로 늘어나게 되었다. 인공지능은 기본적으로 인간보다 일의 효율성 측면에서 매우 큰 강점을 보유하고 있기 때문에 인공지능이 업무에 보편적으로 적용되는 시대가 되면, 인간의 삶에 더 많은 여유가 발생하는 것은 필연적이다. 이러한 여유의 증가는 여가 시간의 확대를 가져오고, 인간의 여가활동의 대부분은 현재와 마찬 가지로 문화에 대한 향유로 귀속될 가능성이 크다.

반면 인공지능의 발달은 비인간화, 몰인간화에 따른 불안과 허무를 증가시켜 반 기계적 삶에 대한 욕구 증대와 그에 따른 문화에 대한 희구를 가져다주기도 한다. 인공지능의 발달은 인간에게 증가한 여가시간을 문화를 통해 즐겁게 향유하고자 하는 욕구도 갖게 하나, 지나친 기계화에 대한 염증으로 인해 나타나는 인간 본연에 대한 가치의 회복을 위해 문화를 희구하고 갈망하는 욕구 역시 증대시키게 된다. 즉, 인공지능은 인간의 삶을 편리하게 하고 생활의 여유를 높여준다는 긍정적 요인과 지나친 기계화로 인한 인간의 정서를 피폐하게 할 수 있다는 부정적 요인이 모두 공존하지만, 그 역할이 어떠하든 문화의 향유 욕구 증대라는 측면으로 귀결될 수 있다.

그리고, 인공지능은 업무의 효율성 증대에 매우 중요한 영향을 미칠 수 있지만, 마찬가지로 문화 향유에 대한 용이성을 높이는 기재로 작용할 수 있다. 물론 인공지능으로 인해 문화가 그 자체로서의 가치 소위 아우라가 있는지에 대한 견해는 지속적으로 논쟁적 상황에 놓이게 되겠지만, 문화에 대한 활용 또는 소비의 영역은 인공지능이 사람보다 신속·정확·효율적으로 제공할 수 있다. 따라서 인공지능은 문화영역에 새로운 기회가 될 수 있다.

6) 문화의 영역에서 인공지능의 역할

가. 창작의 효율성 제고

문화의 창작은 단순노동부터 복잡한 과정의 전문성을 필요로 하는 노동까지 많은 시간과 노동을 필요로 하는 경우가 많다. 즉, 문화의 창작은 노동에 들어가는 시간과 체력이 매우 중요다. 다시 말해, 예술 창작 과정의 상당 부분은 인공지능이 더 빠르고 정확하게 해낼 수 있는 일들이 매우 많다.

예술 분야에서도 효율이 매우 중요하게 작용할 수 있는데, 특히 영화(동영상을 매체로 내러티브를 전달하는 모든 형태 포함)의 경우엔 그 제작 기간과 노동력의 규모가 매우 크기 때문에 컴퓨터의 개입 여지가 무궁무진하다. 실제로 현존하는 다양한 영상편집 툴은 음향 조절, 색 보정, 사운드/비디오 결합, 파일 분류 등의 기능들을 매우 약한 인공지능으로 자동화 하고 있다.

즉, 장시간이 소요되는 작업과 관련하여 창의와 조정, 검토의 영역은 인간이 담당하고, 일의 신속하고 정확한 진행은 인공지능이 담당한다면 보다 효율성 높은 창작을 추진할 수 있을 것이다.

---

* LG Blog. 인공지능은 예술을 할 수 있을까? 2016. 5.25

나. 창작의 주체 확장(창작의 대중화)

원래 문화는 소수의 특정인을 중심으로 발전했고, 이에 특정 가치를 부여해 왔으며, 그렇기 때문에 대중이 창작의 주체로 쉽게 참여하기 어려웠다. 그러나 인공지능 그러한 소수의 문화 창작을, 어떻게 보면 독점 또는 과점의 영역을 본격적인 대중 참여로 확대시키는데 중요한 역할을 할 수 있다. 새로운 기술 변혁의 파동이 아우라(aura, 분위기 또는 신비감)를 붕괴하고, 본격적 대중참여의 내외연적 문화 확장을 '예술 정치화'로 명명한 벤야민(Walter Benjamin)의 견해 처럼 인공지능이라는 새로운 기술이 대중을 문화의 창작 주체로서 작용할 수 있게 한다.

즉, 인공지능은 창작의 주체로서 우려와 위기감을 주는 대상이기도 하나, 문화 창작의 확장자로서 인간의 문화창작 욕구를 증진시키는데 큰 기여를 할 수 있다.

---

* 발터 벤야민. 2007. 기술복제시대의 예술작품 : 사진의 작은 역사 외. 길.

다. 문화 이용 활성화

현대사회는 정보의 시대이다. 특히 소비의 영역에서는 소비자가 원하는 상품정보를 용이하게 획득할 수 있다면 실제 소비로 이어질 확률을 증가시켜 준다. 미국의 블랙버드 테크놀로지의 경우 인공지능을 활용해 소비자의 상품 검색 시 오류 확률을 낮추고 소비자가 원하는 상품을 정확히 제시해 소비자 만족도 향상은 물론 매출 역시 크게 증가하고 있다.

문화 이용 역시 마찬가지이다. 전시회, 공연 등 문화 컨텐츠 소비에 대한 수요가 있는 소비자에게 정보를 소비자가 원하는 수준으로 정확히 제공된다면 실제 방문으로 이어질 가능성이 높아지게 된다. 이미 다양한 공연, 전시, 관광 등의 문화 영역에서는 소비자에게 일방적 정보를 제공하는 수준에서 벗어나 인공지능을 활용해 데이터 분석을 기반으로 정확한 선제적·맞춤형 정보를 제공하여 문화산업 활성화에 기여하고 있다.

즉, 인공지능은 소비자의 잠재적·실제적 문화수요에 대해 데이터에 기반한 정확한 정보를 제공함으로써 소비자의 문화 이용을 활성화 하는데 큰 기여를 할 수 있다.

라. 새로운 문화산업 발굴

4차산업혁명의 본격화는 새로운 산업 등장의 촉매제로서 작용하기도 하지만 기존 산업의 추진방향 및 방법의 개선을 통한 성공적 안착에 핵심 기재가 되고 있는데 문화 산업 역시 인공지능을 활용하여 사업의 성공 확률을 높이고 있다.

미국의 출판사 '인키트'의 경우 자사 사이트에 등록된 다양한 스토리에 대해 독자들의 평가 및 이용패턴을 인공지능이 분석하여 책을 출간하고, 책을 출판한 이후에도 독자 데이터를 기반으로 목표 타겟을 설정하는 등 출판과 마케팅 관련 인공지능을 적극 활용하였다. 그 결과 2018년 9월 기준 총 24권을 출간해 이 중 22권이 아마존에서 분야별 20~50위의 베스트셀러로 등극, 베스트셀러 등록률이 무려 91.7%에 이르렀는데 이는 일반출판사는 상상할 수 없는 기록이다. 공연, 행사, 기획전, 출판 등 문화산업의 성공적 추진을 위해서는 문화 수요자가 파생하는 데이터의 수집 및 분석이 매우 중요한데, 이를 구체화·현실화 시킬 수 있는 수단으로 인공지능의 중요성은 매우 크다.

즉, 인공지능은 문화산업의 성공확률을 높여 문화 산업의 활성화에 기여할 수 있다.

마. 문화유산의 효율적 보존

 지난 2008년 발생한 숭례문 화재, 그리고 최근 프랑스 노트르담 대성당의 화재 등은 국내외를 막론하고 많은 이들이 자랑스러움과 사랑을 받아온 문화유산 보존의 경각심을 높여주고 있다. 이를 위해 최신 ICT를 활용한 문화유산의 다양한 대책들이 강구되고 있는데 인공지능 역시 문화유산 보존에 큰 기여를 할 수 있다. 대표적으로 문화유산이 화재를 통해 손실되지 않도록 인공지능을 활용할 수 있다. 일반적으로 화재가 발생하면 센서가 이를 감지하고 살수기 작동 및 소방서에 연락하는 등의 방법으로 화재를 방지할 수 있다. 이는 사후대책으로 문화유산이 일부 손실될 수 있기도 하고, 단순 작동이기 때문에 인공지능의 활용이 굳이 필요하지 않다. 그러나 문화 유산 자체의 손실이 일어나지 않도록 하는 사전대책에서는 인공지능이 매우 필요하다. 즉, 화재가 발생할 수 있는 다양한 환경, 즉, 인간의 이상행위, 건조한 날씨, 거센 바람 등 화재가 발생할 수 있는 환경들에 대한 다양한 데이터의 학습을 통해 선제적으로 대처하여 화재 발생요인 최소화에 기여할 수 있다.

즉, 문화유산을 둘러싼 다양한 위협요인들에 대해 센서 등을 통한 상시 데이터를 수집하고 이를 인공지능을 통한 상시 분석을 통해 문화 유산의 상시 안정적 보존 가능성을 높여줄 수 있다.

바. 문화이용 장벽을 낮춤

문화는 국내외, 그리고 과거와 현재를 막론하고 생성·유통되는 것으로, 문화 그 자체의 가치로 언어의 필요성이 크지 않은 부분도 있지만, 언어로 인한 공유·활용의 한계가 나타나게 되는 경우가 많다. 인공지능은 언어 이해의 제약으로 인한 문화 향유의 한계를 극복 하는데 기여할 수 있다.

대표적으로 딥러닝 기반의 기계번역을 들 수 있는데, 이미 기계번역은 사람과 거의 흡사한 수준의 번역품질을 나타내는 단계로 발전하고 있다. 구글의 경우 딥러닝 기반의 기계번역 프로그램을 과거 PBMT 방식에 비해 훨씬 더 사람의 번역과 유사한 수준으로 발전시켰으며, 한국고전번역원은 인공지능 기반 고전문헌자동번역시스템 구축을 통해 승정원일기 등 고전문헌 번역의 획기적 계기를 마련하였다.

인공지능은 국내의 과거 문헌, 해외 문학작품 등 언어로 인해 이용에 제약이 있었던 다양한 문화들을 보다 용이하게 현대인들이 향유할 수 있는 기반을 마련할 수 있다.

7) 인공지능 기반 문화발전을 위한 제언
가. 문화데이터의 적극적 개방

　어떤 분야이든 데이터 개방이 이루어질수록, 해당 분야에서 인공지능을 적용할 기회가 높아지며, 이는 결과적으로 문제 해결과 혁신의 범위를 넓혀주게 된다. 2016년 미국 백악관 보고서 "인공 지능에 대한 대비" 는 공공 부문에서 인공지능을 활용하여 서비스를 개선하기 위해서는 무엇보다도 데이터를 제공하는 것이 중요하다는 사실을 기술한 바 있다.

인공지능에 대한 데이터는 하나의 요소에 불과하지만, 개방된 데이터를 인공지능을 통해 활용하여 얻을 수 있는 가치는 매우 클 것이다. 따라서 문화 분야 역시 문화관련 데이터를 보유한 공공에서 개인정보, 보안 및 상업적 기밀성 등 특별한 위험요소가 있는 정보를 외에는 데이터의 적극적 공개 필요하다.

한국문화정보원 등 문화 관련 공공기관에서는 이미 다량의 문화데이터 개방을 위한 노력을 적극적으로 하고 있다. 이에 더하여 현 수준 이상의 진일보한 데이터 개방을 추진한다면 인공지능을 통한 문화의 창작과 이용 등의 활성화 더욱 큰 기여를 할 수 있을 것이다.

---

* 강맹수. 패스트팔로워의 몰락. AI는 산업을 어떻게 바꾸고 있는가
* 한국산업기술진흥원, 영국의 인공지능 산업 육성 전략,
　KIAT Issue Paper, 2019. 4.: pp.41-42.

나. 문화관련 인공지능 전문 인력 육성

인공지능분야 전문 인력은 국내뿐만 아니라 미국 등 全세계적으로 품귀현상을 빚고 있다.*

그 결과 미국, 중국 등 인공지능 분야 선진국들의 경우 인공지능 전문 인력 육성을 위해 매우 적극적인 노력을 경주하고 있다.

인공지능의 개발은 컴퓨팅, 데이터 과학을 비롯하여 최근 그 필요성이 대두되고 있는 기계학습 분야 등의 인재들에 의해 가능하다.*

즉, 인공지능의 발전은 언어의 역설이기는 하지만 인공지능을 발전시키기 위한 인간의 역량 발전이 필수적이다. 따라서 문화의 창작 및 이용의 활성화를 위해서는 문화 관련 인공지능 전문인력의 양성을 위한 노력이 필요하다.

이를 위해서 우선 고려할 수 있는 것이 인공지능 전문인력을 문화 분야를 담당하는 공공기관이나 민간기업에서 채용하는 방법이 있다. 이는 인공지능 인력의 고용 안정성 담보를 통해 문화 분야 관련 인공지능의 지속가능한 발전을 추진할 수 있다는 장점이 있다.

그러나 공공기관의 경우 재정안정성을 고려할 때 아무리 인공지능이 중요 하다고 할지라도 내부 인력의 지속적 증대는 현실적 대안으로 가치를 가지기 어렵다.

---

* 염창열. 인공지능을 활용한 북미 기업 비즈니스 동향 및 사례,
  NIPA 이슈리포트 2017-제6호. p.7
* 한국산업기술진흥원, 영국의 인공지능 산업 육성 전략, KIAT Issue Paper,
  2019. 4.: pp.47.

따라서, 공공 영역에서 문화컨텐츠를 만드는 스타트업, 대학 등을 지원하는 방법 등 외부 인력을 양성하는 것과, 민간의 집단지성을 이용하기 위한 리빙랩 지원, 그리고 문화분야 인공지능 R&D 챌린지대회 등 경진대회 개최 등이 보다 현실적 대안이 될 수 있을 것이다. 아울러 공공과 민간기업 모두 기존 인력을 기술적 역량 향상을 위한 교육 및 실습 강화를 통한 전문 인력 양성을 도모하는 것 역시 지속적으로 추진해야 한다.

8) 결론

많은 이들은 인공지능으로 인한 위기가 인간에게 도래할 것이라는 불안감을 표출하고 있으며 상당 수 문헌과 전문가들로부터 인공지능의 대체가 가장 어려운 분야로 지목되어 온 문화 분야 역시 인공지능의 발전 속도를 고려할 때 대체 또는 종속될 것이라는 두려움이 상존하고 있다.

새로운 기술은 언제나 두려움의 대상이었다. 그러나 그 원리를 알게 되면 더 이상 공포의 대상이 아닌 인간의 발전에 기여할 수 있는 새로운 수단으로 수렴되어 왔다. 아무리 인공지능이 빠른 속도로 발전하고 있고 그로 인해 문화 분야 전반에 대한 다양한 변화가 예측되지만, 인공지능은 인간의 행동과 선택을 증폭시켜 새로운 개념의 사고방식을 부여할 것이고, 이는 문화 전반에 큰 변화를 불러올 것임은 자명하다.*

---

* 제프 멀건, 2017. 넥스트 콘텐츠 콘퍼런스 기조연설

인공지능은 창작자에게는 경제적 시간적 여유를 가져다 줄 것이고, 이용자에게는 보다 문화이용을 용이하게 만들어 줄 것이다.

즉, 인공지능시대의 문화는 문화영역 자체를 붕괴시키거나 인간의 참여 여지를 막아 문화의 몰가치를 가속화시키는 것이 아니라 새로운 문화를 창출하는, 문화이용을 촉진하는, 문화창작 과정을 간소화하는 등의 편익을 가져다 줄 수 있다.

인공지능과 문화의 관계는 인간이 문화의 이용 및 창작과 관련하여 보다 합리적인 해결책을 찾기 위해 기술로서 구조화한 것이지만, 인공지능에 전적으로 종속되거나 매몰된 것으로 이해해서는 안된다. 따라서 문화의 영역에서 인공지능은 그 순기능적 측면을 고려하여 인간의 삶을 풍요롭게 하는 문화 본연의 가치를 보다 증폭시킬 수 있는 방안으로 발전시켜 나가야 할 것이다.

블록체인과 문화정보서비스

1) 블록체인의 개요

AI, IoT, Cloud, Big Data, Mobile을 기반으로 하는 기술융합, 이름하여 4차 산업혁명의 시대를 맞고 있다. 굳이 4차 산업혁명이라고 말하지 않더라도, 정보통신기술(ICT) 발전에 따른 사회변화는 이전에 경험하지 못했던 상황 속으로 사람들을 직면하게 하고 있다. 기술 발전과정에서 새로운 기술을 개척하는 선도자, 즉 퍼스트무버(first mover)와 그 기술을 빠르게 쫓아가는 빠른 추격자, 즉 패스트팔로어(-fast follower)가 있는가 하면, 그렇지 못하고 낙오 하거나 도태되는 측도 있다. 양지와 음지가 있듯이, 변화를 수용하는 쪽과 그렇지 못한 쪽이 있다. 블록체인도 마찬가지여서 그 기술의 수용여부에 따라 미래의 모습은 크게 달라지게 된다.

블록체인은 데이터가 담긴 블록들을 체인형태로 연결하여, PC(노드)들에 원본을 분산 저장하는 분산형 데이터 저장 기술이다. 모든 시스템이 각자 원장 데이터를 보유하고 항상 동기화를 하는 것이 분산 원장이며 블록으로 연결한 디지털 분산원장이 곧 블록체인이다.

블록체인은 중앙 신뢰기관 없이 모든 거래 참여자가 거래를 보증·승인하고 참여자 모두가 거래내용을 저장하며, 블록체인 기술을 통해 모든 참여자가 정보에 쉽게 접근하고, 이를 상호 공유하여 정보를 신뢰할 수 있게 된다.

정보통신기반 기술은 분산과 집중을 거듭하며 발전해 왔지만, 블록체인의 특징은 분산형의 신뢰구축 기술이라고 할 수 있다. 거래를 보장하는 강력한 중앙의 규제나 규율이 없어도 상품과 서비스의 거래가 가능한 기술이다. 비록 올해 초 비트코인의 투기 논란으로 부정적인 이미지가 덧씌워졌지만, 블록체인은 해킹의 우려를 잠식시키고 사용자 간에 데이터 혹은 암호화폐 등을 안전하게 전달 교환 저장하는 차세대 기술이라고 할 수 있다. 블록체인 기술은 개인 정보나 문서 등의 거래내역을 암호화하여 해킹을 어렵게 하고 거래에 참여한 사용자들의 서버가 모든 거래내역을 공유·대조하도록 해 위·변조를 불가능하게 한다. 따라서 블록체인은 보안성, 신뢰성이 뛰어나 현재 가상화폐 거래나 금융권에서 주로 도입하거나 도입을 고려하고 있다. 다보스포럼도 전세계 은행 80%가 블록체인을 도입할 것으로 전망하고 있다.

다만, 블록체인 기술 활용은 긍정적인 효과를 기대할 수 있으나, 블록체인 기술이 모든 문제를 해결할 수 있는 만능이 아님을 인식할 필요는 있다. 기술 발전이 사회에 미치는 순기능과 역기능이 모두 존재한다는 점을 감안하여 신중한 접근이 필요하다고 할 것이다.

<표> 블록체인의 특징

특 성	내 용
탈중앙성 (De-centralization)	블록체인은 거래 기록이 담긴 원장을 제3자의 관리에 맡기지 않고, 참여자들이 직접 검증과 승인, 합의 등의 활동을 하며 원장을 만들고 관리함.
투명성 (Transparency)	블록의 거래 기록은 참여자들 누구나 볼 수 있도록 공개되므로 참여자 모두가 감시자가 됨. 다만, 참여자의 실명은 알 수 없기 때문에 '익명성'이라는 특징도 가짐.
불변성 (Immutability)	블록이 순차적으로 연결되고, 네트워트의 모든 참여자에게 공유됨에 따라 중간 블록의 정보를 임의로 수정하거나 삭제하기 어려움..
가용성 (Availability)	데이터는 모든 참여자의 PC(노드)에 분산 저장되므로, 그 중 어느 하나가 문제를 일으키더라도 나머지 노드가 존재하므로 전체 시스템은 계속적으로 동작할 수 있음.

블록체인은 기술 자체만으로도 혁신성이 높지만, ICT와 연계하여 더욱 높은 효과를 기대할 수 있으므로 AI와 함께 4차 산업혁명을 이끌 대표적 기술로 세계가 주목하고 있다. 중앙 집중형 서버에 거래 기록을 보관하지 않고 매 거래 시 모든 노드가 정보를 공유하고 상호 검증하기 때문에 위·변조가 불가능하며, 블록체인은 위·변조가 불가능한 '분산형 신뢰 네트워크' 로서, 신뢰를 바탕으로 한 거래 등의 분야에서 핵심적인 기술로 떠오르고 있다. 하지만, 블록체인 기술은 혁신성에도 불구하고, 기술의 도입이나 운영에 있어 한계도 있다. 블록체인은 내부에서 생성된 정보에 대해서는 합의를 통해 무결성을 보증하지만, 외부에서 들어오는 정보는 신뢰하지 못한다는 맹점이 있다.

<〈표〉 블록체인의 단점>

구 분	내 용
규제환경의 미흡	블록체인 기술 활용을 위한 법적근거가 미비하고, 기술과 그 활용과 관련된 법적분쟁에 대한 법적 해결방안도 부재함.
기술적 공감대 형성 미흡	기술의 금융 적용에 있어서 노드선정, 실시간거래, 대용량 데이터 처리 등의 한계에 대한 해결책과 공감대 형성 미흡함.
분산성의 한계	탈중앙적 속성은 정보의 검색을 곤란하게 하는 측면이 존재하고, 금융실명제와 이익성추구 간의 딜레마도 존재함.
우발적 거래의 취소 불가능	블록체인 기술의 고유한 보안 특성상 기록이 기재되면 수정이 불가능하고 그에 대한 수정을 위해서는 그 후의 모든 블록을 변경해야 하는 문제가 발생함.
과도한 도입비용	블록체인 기술을 활용하여 인프라를 구축하는 것은 개발자와 참가자 모두에게 상당한 인적·물자 투자비용이 발생함.
이견조정의 지연	블록체인 적용 시스템 상 기술적 오류 등 문제 발생 시 참가자들이 해결책을 채택하기 위해 다수의 동의를 얻는 과정에서 의사결정 지연으로 신속한 대응이 어려움.

2) 블록체인과 분권

블록체인은 정보의 집중이 아닌 네트워크를 통한 분산 이다. 중앙집권적인 운영이 아닌 효율적인 분권의 사고를 바탕으로 하고 있다. 지방정부가 생산하거나 취득하고 관리하고 있는 데이터들은 앞으로 점점 더 많아질 것이다. 막대하게 축적되고 있는 데이터를 기반으로 한 다양한 정책을 수립하고, 중요한 정책 결정의 지표로 활용하는 등 정보활용의 비중은 점차 증대할 것이다. 그래서 지방분권과 함께 정보분권의 시대가 도래하였다고 하여도 과언은 아닐 것이다. 정보의 분권이 새로운 가치를 창출할 수 있는 기회가 될 것이다. 앞으로 블록체인은 정보의 운영과 관리에 있어 분권을 촉진하는 계기가 될 것이다.

블록체인은 발전과정에 있는 기술이지만, 국가기관 및 지방자치단체에서는 블록체인을 활용한 정책시스템 마련에 도전하고 있다. 블록체인 기술의 적용을 통해 공공서비스 이용자의 접근성을 향상시킬 수 있으며, 거래비용을 절감할 수 있으며, 정보의 신뢰도를 향상시키는 효과를 얻을 수 있다. 특히, 블록체인이 갖고 있는 분산적 특징으로 인해 블록체인 기술을 분권적 행정시스템 및 지방자치단체의 공공서비스에 적용하려는 사업을 추진하고 있다. 지방자치단체가 블록체인 기술을 활용하는 사례는 점차 증가하고 있으며, 전자결제, 문서관리, 개인증명, 상품증명, 투표 등의 다양한 분야에 도입하여 활용하고 있다.

〈그림〉 블록체인 기술의 공공서비스 활용 분야

3) 공공부문의 블록체인 기술 활용 사례

또한, 지방정부는 스마트시티에 대한 강한 매력을 갖고 있다. 인공지능, 사물인터넷, 빅데이터 등을 4차 산업혁명의 기술을 통해 도시문제의 효율적 해결 및 혁신성장을 위한 전략적 가치로서 스마트시티가 중요해지고 있다. 스마트시티는 신도시뿐만 아니라, 기존 및 노후도시에 미래 혁신기술을 적용하여 산업, 환경, 주거에 있어서 지방정부가 구현하고자 하는 미래라고 볼 수 있다. 이렇게 빅데이터, 사물인터넷, 자율자동차 등에 기반한 스마트시티는 원활한 정보 수집 및 활용의 중요성이 부각되는 한편, 개인정보 유출의 위험성도 높아진다. 블록 체인은 해킹 위협에 대한 보안성을 강점으로 사물인터넷의 핵심적인 플랫폼이 될 수 있다. 스마트시티의 핵심도 블록체인이 될 것이며, 블록 체인은 해킹 위협에 대한 우려가 없고 모두가 신뢰할 수 있는 플랫폼이라 할 수 있다. 정부를 비롯한 공공부문에서는 블록체인을 네트워크 플랫폼 기술로서, 새로운 유형의 서비스 제공 및 확산의 기회로 인식하고 있다.

공공서비스에서 블록체인 기술 활용으로 이해관계자의 참여와 협력을 통한 맞춤형 서비스를 제공하고, 이해관계자들이 능동적으로 참여할 수 있도록 조직의 유연성을 향상시키고, 의사결정 과정의 신뢰성과 투명성을 높일 것으로 기대한다. 공공부문에서 블록체인 기술의 실현을 위한 정책과제들이 기획되고 있다. 공공 및 사회복지서비스 제공, 의료정보 및 개인정보의 보호 등 공공부문 업무 영역 전반에서 블록체인 기술의 응용사례들이 확산되고 있다. 블록체인은 해킹 위협에 대한 우려가 없고 모두가 신뢰할 수 있는 플랫폼이라 할 수 있다.

〈표〉 공공부문의 블록체인 기술 활용 사례

정책과제	주요내용
블록체인 기반 사회복지 급여 전달 관리체계 구축	복지급여 자격 검증, 부정 수급 방지를 위한 블록체인 기반의 사회복지 급여플랫폼 구축
블록체인 기반 전자 신분증	신원 확인 가능한 정보(주민등록정보, 운전면허, 여권 등)를 블록체인 위에 올림으로써 위·변조를 방지하고 언제 어디서나 간편하게 신분 증명 가능
블록체인 기술을 활용한 기부 플랫폼의 투명성 제고	중개기관(기부 단체)의 역할을 최소화하는 대신 블록체인 기반의 P2P 기부플랫폼을 구축하여 불투명한 기부금 집행을 사전 예방
블록체인 기반 전자투표	후보자·참관인 등 이해관계자가 직접 투표개 과정·결과를 검증, 신뢰할 수 있는 온라인투표
블록체인 기반의 국가 간 물류 및 무역금융	무역 거래에 이용되는 문서(계약서, 신용장 등)의 위변조 방지, 관리비용 감소, 처리 절차 간소화
환자 중심의 의료정보 관리를 위한 블록체인 시스템 구축	블록체인 기반 투명하고 안전한 의료정보 유통 시스템 구축을 통해 개인의 건강관리 향상
블록체인 기술을 활용한 의약품 유통구조 개선	의약품의 모든 유통 과정을 모니터링하고, 이를 블록체인 네트워크에서 공유함으로써 의약품의 원본성을 보장하고 위·변조를 예방
급식자재 유통 이력 관리	초·중·고등학교 급식자재 이력을 블록체인으로 관리하여 학생에게 안전한 학교 급식 제공
간편한 부동산거래	토지대장을 국토부·지자체·금결원이 투명하게 공유하여 부동산 담보대출 시 은행방문만으로 처리
P2P 방식 실시간 전력거래	태양광 발전에 따른 가정들 간에 여유전력을 자동으로 거래할 수 있는 블록체인 기반 마이크로 그리드 시스템 개발
블록체인 기반 미디어 플랫폼 구축	중개 플랫폼을 없애는 대신 스마트계약을 활용하여 수익분배 과정을 투명화하고 콘텐츠 제작자에게 합리적인 금전적 인센티브를 제공

4) 문화정보서비스와 블록체인

 블록체인 기술을 기반으로 하는 서비스 중에서 문화 분야 서비스가 16% 정도 차지하고 있으며, 동영상 또는 음악 등의 콘텐츠 유통이 주를 이루고 있다. 국내외 기업들은 블록체인 기술을 활용한 문화 콘텐츠 서비스에 주목하고 있다.

*문화체육관광부·한국문화정보원, 2018, 블록체인 기술을 활용한 문화정책 서비스 적용 방안 연구, p.120.

〈표〉 블록체인 기반 문화정보서비스 사례

서비스명	서비스 개요
카카오클레이	- 구동되는 서비스를 이용하는 이용자들에게 보상
라인 링크 (네이버)	- 이용자기여도에 따라 제공되는 보상형 코인
싸이월드 클링	- 블록체인 기반 보상형 플랫폼
퓨처스트림 네트웍스	- 블록체인 기반 마케팅 서비스 지원 플랫폼을 구축
재미	- 국내최초 블록체인을 연동한 음원서비스 제공
유니오	- 미국의 '스팀잇'과 같은 국내 블록체인 컨텐츠 플랫폼
퀴즈톡	- 퀴즈를 풀면 할당된 토큰인 '큐티콘(QTCON)' 으로 교환
픽션네트워크	- 창작자와 유저를 직접 연결하는 네트워크 구축
시빌(미국)	- 분산형 미디어 플랫폼으로 지속가능한 언론 비즈니스 모델 구축
스팀잇(미국)	- 블록체인 기반 SNS
잉크랩스재단 (싱가폴)	- 빠른 시간 내에 블록체인 서비스를 쉽게 구축

▲자료 : 과학기술정보통신부·한국과학기술기획평가원, 2018년 기술영향평가 보고서, p.385. 재구성

블록체인 기술이 적용가능한 문화정보서비스 사업은 ① 문화공연 관람 기회의 균등을 위한 암표방지서비스, ② 미술문화 대중화를 위한 미술품 거래 플랫폼, ③ 한류문화 확산에 효율적인 한류문화·시민 플랫폼, ④ 문화정보 분야의 저작물을 관리하는 저작권 관리 서비스 등을 고려해 볼 수 있다.

〈표〉 블록체인 기술이 도입가능한 문화정보서비스 사례

분 야	내 용
암표방지 서비스	- 블록체인의 투명성과 암호화 기술을 기반으로 암표 방지 티켓팅 서비스 구축함.
미술품 거래서비스	- 블록체인 기술의 직접 연결 속성을 활용하여 대중이 손쉽게 미술정보 수집 및 작품구매 가능하도록 함.
한류문화시민 서비스	- 블록체인 기술의 신뢰성을 활용하여, 해외 한류팬의 한류문화 시민 등급에 대한 투명한 관리를 도모하고 한류팬 확대와 한류문화 확산에 대한 자발적 활동을 지원함
저작권 관리 서비스	- 블록체인 기술의 기록과 추적 기술 활용한 저작권 관리 서비스를 이용할 경우 저작물 구매자와 창작자가 직접 거래가능 하며, 저작물의 불법 이용을 확인하거나, 역추적을 통해 최초 불법 배포자(이용자)의 확인이 가능함.

5) 문화정보서비스에서의 블록체인 기술 도입의 효과

문화정보서비스 중에서도 적합한 분야에 블록체인 플랫폼을 도입하는 것이 중요하다. 플랫폼 특성을 고려하고, 서비스 적용에 적합한지를 고려할 필요가 있다.* 또한 플랫폼 특성을 고려하지 않고 서비스에 무조건적인 플랫폼 적용은 수요자에게 아무런 효용성이 없을 뿐만 아니라, 역효과만 날 수 있다.

문화정보서비스에서의 블록체인 기술 적용은 ① 문화정보화 분야의 기존 서비스의 문제점을 보완할 수 있고, ② 문화 분야의 창작자와 제작자 및 관객을 더 효율적으로 연결할 수 있으며, ③ 예술품 등의 진품식별이나 저작권 보호 서비스를 제공하고, ④ 문화정보화 분야의 콘텐츠 유통과 확산에 기여할 수 있도록 추진되어야 할 것이다.

블록체인 기술 도입은 문화정보서비스의 유통에 소요되는 비용을 절감할 수 있으며, 문화 콘텐츠의 창작과 소비가 진작되는 효과를 기대할 수 있다. 다만, 탈중앙성, 익명성 등 특성으로 인해 양질의 문화 콘텐츠가 아닌 자극적이며 비윤리적인 콘텐츠들이 무분별하게 난립할 우려가 있다.

---

* 한국정보화진흥원, 2018, 미래 사회에 지능을 더하다: 블록체인과 혁신 서비스, p.96.
* 문화체육관광부·한국문화정보원, 2018, 블록체인 기술을 활용한 문화정책 서비스 적용 방안 연구, p.59.
* 과학기술정보통신부 · 한국과학기술기획평가원, 2018년 기술영향평가 보고서, pp.17-18.

6) 블록체인 활용을 위한 과제

　블록체인 기술에 대한 균형 있는 시각을 통해 블록체인 기술 활용이 문화정보서비스 제공의 투명성 향상과 비용 절감 등의 측면에서 기존보다 효과적인 문화정보서비스 전달체계 구축에 기여할 것인지 고려해야 한다. 블록체인은 혁신적인 기술이다. 하지만, 기술의 도입의 효과나 영향력을 과대평가해서는 곤란하다.
블록체인 기술을 효과적으로 활용하기 위하여 문화정보서비스의 조직, 예산, 법제도, 이용자 측면에서 필요한 선결과제들을 알아둘 필요가 있다.

　첫째, 블록체인 기술 기반의 문화정보서비스가 원활하게 전달·운영되기 위하여 네트워크의 의사결정을 신속하게 수용할 수 있는 업무체계의 혁신이 필요하다. 블록체인 기반의 분산된 의사결정은 중앙집중에 익숙한 기존의 획일적인 조직운영 방식으로는 대응하기 곤란하다. 따라서, 공유 기반의 블록체인 시스템에서 교환·거래되는 문화정보서비스의 표준을 만들고, 시스템을 누가 주도적으로 관리할 것인지 등 블록체인 기반 시스템의 참여자들과 협의·조정할 수 있는 권한과 책임을 부여해야 한다.

　둘째, 블록체인 기반에서 신속한 의사결정을 위해 필요한 전문인력의 확보와 블록체인 기술 교육을 통한 인재양성도 조직혁신을 위한 중요한 과제이다. 문화정보서비스의 블록체인 생태계 조성을 위해 공공부문이 문화정보를 선도적으로 개방·공유하고 새로운 가치를 적극적으로 수용해야 한다.

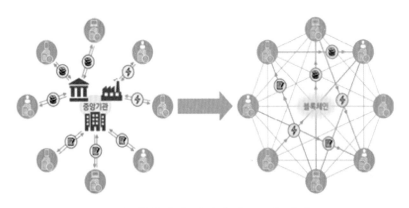

〈그림〉 블록체인 패러다임으로의 변화

셋째, 블록체인 기술 활용을 위한 법·제도 정비가 필요하다. 블록체인 기반 플랫폼이 운영되기 위해서는 공공부문이 보유하고 있는 문화 정보자료를 안정적으로 제공·관리할 수 있는 제도적 환경 조성이 중요하다. 블록체인 기술 환경에서 수요자에게 전달되는 문화정보 서비스의 프라이버시 보호를 위해 데이터의 등록이나 제공절차에 대한 법적 근거를 정비해야 한다. 개인정보 보호법은 중앙행정기관, 공공기관 등 개인정보처리자가 보유기간의 경과나 개인정보의 처리 목적 달성이 되었을 때에는 지체 없이 그 개인정보를 파기하여야 한다고 규정하고 있으나, 블록체인은 일단 정보가 기록되면 사실상 삭제가 불가능하므로, 블록체인에 개인정보가 저장될 경우 등 개인정보의 보호를 위한 법제도가 마련되어야 한다. 현행 법령이 문화 정보 서비스에서 블록체인 기술 활용을 저해하지 않도록 정비해야 한다. 블록체인 기술이 현행 법령과 상충되거나 법령의 적용에 있어 모호한 점 등을 해결해야 할 것이다. 블록체인 기술에 의한 스마트계약의 경우, 일정 조건이 성취되는 경우 자동으로 계약의 이행까지 완료되기 때문에 계약의 성립과 이행이 분리되는 현행법의 계약 구조와 차이가 있다.

넷째, 블록체인 기술 활용을 위한 적정한 비용을 검토해야 한다. ICT 기술수준조사보고서(2018)에 따르면, 우리나라 블록체인 기술수준은 세계 최고수준의 76.4%에 이르고 있다. 블록체인 기술변화 추이에 기술에 대한 관심이 고조되면서 성공사례가 발표되는 "거품기 단계"로 보고 있다.

---

* 한국과학기술기획평가원, 2017, 블록체인 생태계 분석과 시사점, p.23.
* 국회입법조사처, 2018, 블록체인 기술 현황 및 산업 발전을 위한 향후 과제 (이슈와 논점 제1476호).

〈표〉 블록체인 기술의 변화 추이 분석

항 목	설 명
1. 태동기 (기술 촉발 시기) 〈Innovation Trigger〉	- 잠재적 기술이 관심을 받기 시작하는 시기 - 초기단계의 개념적 모델과 미디어의 관심이 대중의 관심을 불러일으킴 - 상용화제품이 없고 상업적 가치도 증명되지 않은 상태 - 프로토타입이 존재하고 개념 증명을 하는 시연이 가능하나 기업의 입장에서 보면 대부분 매출은 거의 없는 상태임
2. 거품기 (기술에 대한 관심의 거품기) 〈Peak of Inflated Exp -ectations〉	- 초기의 부풀려진 기대로 시장에 알려지게 되어 다수의 실패 사례와 일부의 성공 사례가 양산됨 - 일부기업은 사업에 착수 하지만 대부분의 기업은 관망상태에 있으며, 얼리어답터에 포커스한 제품이 주류를 이룸
3.거품제거기 (관심의 제거기) 〈Trough of Disillusionment〉	- 실험과 구현의 결과가 좋지 않아 대중의 관심이 쇠퇴함 - 제품화를 추진했던 기업들은 포기하거나 실패 - 초기의 1세대 제품들의 실패사례들이 알려지면서 시장의 반응은 급격히 냉각됨 - 살아남은 기업들은 소비자가 만족할 수 있는 제품 및 향상에 성공한 경우에만 투자를 지속함
4. 재조명기 (기술의 재조명기) 〈Slope of Enlightenment〉	- 기술의 가능성을 알게된 기업들은 지속적인 투자와 개선 으로 수익모델을 나타내는 좋은 사례들이 증가하고 성공 모델에 대한 이해가 증가하기 시작함 - 2세대 제품과 부가서비스들이 출시되고 더 많은 기업이 투자하기 시작하나, 보수적 기업은 여전히 관망적 상태를 유지함
5. 안정기 (기술 상용화의 안정시기) 〈Plateau of Productivity〉	- 3세대 제품 및 서비스가 출현하고 시장과 대중이 본격적 으로 수용하기 시작하면서 시장이 급격히 열리고 매출은 급증하여 성과를 거두게 됨 - 기업의 생존 가능성 평가에 대한 기준이 명확해지며 기술은 시장에서 주류로 자리잡기 시작함

현재 블록체인 기술 수준으로는 문화정보화 분야에서 효율적인 서비스 제공에 한계가 있으며, 블록체인 도입으로 기대할 수 있는 효과가 제한적일 수 있다. 블록체인 기술을 적용하는 문화정보서비스 시스템의 경우, 현재 시스템보다 비용이 절감될 수도 있고 반대로 늘어날 수 있다. 블록체인 기술의 발전양상을 고려하면, 시간이 지남에 따라 블록체인 기술의 효율성 문제는 점차 개선될 수 있을 것이다 블록체인의 분산식 시스템이 업무 효율을 이루기 위해서는 거래속도 향상을 위한 P2P 기술의 발전, 컴퓨팅 성능의 향상, 기록 저장을 위한 저장공간 비용 감소 등이 필요하다. 블록체인 기술 수준과 시스템 비용을 고려하여, 블록체인 기반 시스템 구축에 소요되는 비용을 정확히 파악하여 적정 기준을 마련해야 한다. 과도한 재원이 투입됨에도 불구하고 데이터 처리 과정에 발생하는 네트워크 정체, 계약의 신뢰성 문제를 개선하지 못하는 실패를 범하지 않도록 해야 할 것이다.

다섯째, 블록체인 기술을 적극적으로 수용하는 계층과 그렇지 못한 소외계층이 발생하여, 블록체인을 활용한 문화정보서비스의 편의나 혜택이 특정계층에게 과잉되거나 또는 특정계층에게 배제될 수 있다. 블록체인 기반의 문화정보서비스를 활용하는 이용자층을 확대하고 배제되는 계층이 없도록 블록체인 활용 교육 및 홍보를 강화해야 한다. 교육, 세대, 경제적 능력 등에 따라 블록체인 기술 활용에서 개인 간 격차가 발생할 수 있는 바, 노인 및 장애인 등 소외계층 이 블록체인을 쉽게 접할 수 있도록 배려해야 한다.

---

* 한국법제연구원, 글로벌 법제논의의 현황과 전망, 2018, p.34.

과학기술 및 금융 분야에 국한하지 않고 문화를 비롯한 다양한 분야에 종사하는 사람들이 블록체인이 무엇인지 이해하고 혁신적인 변화에 참여할 수 있도록 해야 한다.

 요컨대, 지방분권과 블록체인, 제4차 산업혁명의 핵심기술이 될 블록체인은 지방정부 운영의 핵심이 될 것이다. 중앙 중심의 패러다임은 IT 기술의 혁신으로 인하여 지방 중심의 패러다임으로 변화가 가속화될 것이다. 그리고 중앙으로 집중되었던 시스템이 이제 분권의 시스템으로 가는 데 있어, 블록체인이 기반이 될 것이다. 블록체인을 기반으로 하는 초연결사회가 머지않은 미래에 지방정부의 환경을 바꿔놓을 것이다. 블록체인을 통해 지방정부는 시민의 편의와 복지를 위해 스마트시티라는 새로운 도시 생태계를 구축할 수 있을 것이다.
예전과 다르게 지방정부를 둘러싼 대내외 환경변화를 맞이하고 있는 지금, 블록체인의 무한한 가능성을 인식하고 블록체인이 가져올 엄청난 변화를 예상하고 준비해야 할 것이다.